举旗帜 探新路 育新人
——上海大学辅导员工作法选编

主　编：聂　清

副主编：孟祥栋　马成瑶　孙钟玲

上海大学出版社

·上海·

图书在版编目(CIP)数据

举旗帜 探新路 育新人：上海大学辅导员工作法选编/聂清主编；孟祥栋，马成瑶，孙钟玲副主编.—上海：上海大学出版社，2022.10
ISBN 978-7-5671-4530-6

Ⅰ.①举… Ⅱ.①聂…②孟…③马…④孙… Ⅲ.①高等学校-辅导员-工作-研究-上海 Ⅳ.①G645.1

中国版本图书馆CIP数据核字（2022）第175159号

责任编辑　盛国营
封面设计　柯国富
技术编辑　金　鑫　钱宇坤

举旗帜　探新路　育新人
——上海大学辅导员工作法选编
聂　清　主编
上海大学出版社出版发行
（上海市上大路99号　邮政编码200444）
（https://www.shupress.cn　发行热线021-66135112）
出版人　戴骏豪

*

南京展望文化发展有限公司排版
上海颛辉印刷厂有限公司印刷　各地新华书店经销
开本710mm×1000mm　1/16　印张13.75　字数225千
2022年10月第1版　2022年10月第1次印刷
ISBN 978-7-5671-4530-6/G·3464　定价　68.00元

版权所有　侵权必究
如发现本书有印装质量问题请与印刷厂质量科联系
联系电话：021-56152633

序

习近平总书记指出,"为谁培养人、培养什么人、怎样培养人"始终是教育的根本问题。全面贯彻党的教育方针,落实立德树人根本任务,培养德智体美全面发展的社会主义建设者和接班人,是新时代党和国家赋予高校思想政治教育的重要使命。辅导员是开展大学生思想政治教育的骨干力量,是高等学校学生日常思想政治教育和管理工作的组织者、实施者、指导者,任务艰巨、使命光荣。上海大学党委高度重视辅导员队伍建设,通过优化顶层制度设计、构建多层次培养体系、搭建专业化发展平台、加强标杆引领示范、倡导思政创新研究等路径,"五位一体"系统提升辅导员的职业能力和业务水平。

当前,中国处于近代以来最好的发展时期,世界处于百年未有之大变局,两者同步交织、相互激荡。数字化时代新兴传播渠道迅速发展,在有力促进社会发展进步的同时,也给社会思想文化领域带来了比较大的影响和冲击。高校思想政治工作面临许多新情况、新任务和新课题。辅导员只有运用科学的工作方法才能应对因思想政治教育对象、环境、方式、内容等深刻变化带来的新问题,才能应对新时代带来的新挑战。

辅导员作为校园中最贴近学生的教师群体,能够深入地了解学生最真实的情况,通过调查研究,能够准确地把握学生特点、把握新时代青年思想特点和成长规律,这是辅导员开展工作的科学依据。以此为基础,结合丰富的日常思想政治教育工作实践经验,通过分析凝练,将经验上升为理论,形成具有现实意义和推广价值的专项工作方法,这对提升思想政治教育工作的针对性和有效性具有重大意义。

上海大学自2005年开展辅导员职级制改革，经过十数年积累，培养出一批干事有激情、工作有方法的骨干辅导员，在学生党建引领、班团建设、创新培养、学业提升、生涯指导和心理资助育人方面都形成了自成一格的工作方法，其中有的是辅导员个体针对某一专项问题的深入探讨、有的是辅导员团队对人才培养工作的系统思考，这些工作方法不仅能够科学高效地解决学生成长成才过程中的实际问题，更有效促进了我校学生思想政治教育工作的高质量发展。

今年是上海大学建校100周年，百年恰青春，奋进再出发。《举旗帜　探新路　育新人——上海大学辅导员工作法选编》是学工系统向百年上大的献礼，是历代辅导员凝气聚神干事业的写照。希望她能够成为广大辅导员的手边书、工具书，为解决难题提供途径，为形成工作特色提供范本，为遵循思想政治工作规律、坚持守正创新开展工作提供参照，使上海大学新时代学生思想政治工作始终保持生机活力。

是为序。

聂　清

2022年6月

目录 CONTENTS

党建引领　思政铸魂

高校学生党建"OKR"工作法　　/ 3
学生党建"党员示范岗"建设方法　　/ 10
新时代卓越人才培养"思政+"工作法　　/ 17
新生适应教育"三阶段"工作法　　/ 24
海外交流学生思想教育微型生态圈构建法　　/ 29
打造"七大空间",提升思政教育质量与品格　　/ 35

多维切入　助力成长

辅导员主题班会"5W2H"工作法　　/ 43
志愿服务提质增效"3+3"工作法　　/ 50
高校辅导员网络沟通"时适工作法"　　/ 57
新时代辅导员网络思政"五微"建设工作法　　/ 63
辅导员"五位一体"育人工作法　　/ 69
文化育人"循序浸入式"工作法　　/ 76

卓越创新　培育英才

卓越班团培育工作法	/ 83
优秀学生培育"三塑"工作法	/ 88
创新人才培养"三融"工作法	/ 92
科创人才培养"四把火"工作法	/ 96
科创素养培育"春耕"工作法	/ 101
科创育人协同工作法	/ 107

多方联动　学业筑基

构建学风建设"五圈层"工作法	/ 113
学风建设"催化剂式"工作法	/ 117
成才训练营分层分类工作法	/ 122
"3+3"内外双驱学业发展工作法	/ 125
打造学生学业支持共同体的"三三制"工作法	/ 130
大学生学风建设"八学"工作法	/ 135
学业困难学生"四动"精准帮扶工作法	/ 140

生涯导航　就业指导

大学生生涯与就业指导"三航"工作法	/ 147
职业导航"TXQ"工作法	/ 151
大学生职业生涯及就业指导"五步走"工作法	/ 157
学生就业创业"三化"工作法	/ 162
大学生就业"三性"工作法	/ 168

情感浸润　资助育人

辅导员心理危机干预"三阶段"工作法	/ 177
辅导员"五步"谈心谈话法	/ 182
"3+1+X"的心理危机预防和干预工作系统	/ 189
心理委员培育五部曲	/ 195
资助育人工作中的"心四层"工作法	/ 201
"成人之美"发展型资助育人工作法	/ 205

党建引领　思政铸魂

高校学生党建"OKR"工作法

理学院　王岑岑

党的基层组织是确保党的路线方针政策和决策部署贯彻落实的基础。习近平总书记强调,"必须扎实做好抓基层、打基础的工作,使每个基层党组织都成为坚强战斗堡垒"。我国高校是党领导下的高校、是中国特色社会主义高校,肩负着为党育人、为国育才的重大职责使命,高校党建工作在整个党的建设中具有特殊地位和作用。基于辅导员对学生党建工作的实践探索,借鉴"OKR"(Objects and Key Results)目标和关键成果企业管理方法,形成高校学生党建"OKR"工作法。

一、工作背景与问题

上海大学理学院是首批教育部"全国党建工作标杆院系",在理学院党委的引领下,数学系学生党支部紧紧围绕新时代党的建设总要求,坚定不移推进全面从严治党,提升党建全面引领,以党的政治建设为重要目标,用关键成果衡量党建工作绩效,运用目标管理法原则来激发学生党员的内在动力和潜能。

（一）高校学生党建需要不断创新工作方法

当今世界正经历百年未有之大变局,高校学生党建工作的内部条件和外部环境正在发生深刻而复杂的变化。因此,高校学生党建工作必须始终并积极研究新时期出现的新问题,不断地探索新方法解决新问题,扎实提高党员的培养质量,发挥高校学生党建立德树人的根本任务。

（二）高校辅导员需要提升党建工作能力

辅导员是开展大学生思想政治教育的骨干力量，是大学生日常思想政治教育和管理工作的组织者、实施者、指导者。党的十九大以来，在全面从严治党背景下对大学生党建工作提出了更高的要求，辅导员作为高校学生党建工作的主力军遇到了新的挑战，提升高校辅导员的党建工作能力显得尤为重要。

二、具体方法与实践

"OKR"即目标与关键成果的管理，将"OKR"工作法运用到实际党建工作中，从设定目标、推进执行、定期回顾等方面，提升党建工作质量。理学院数学系的学生党支部将学生党建"OKR"工作法融入支部党建工作，通过一次次的目标设定、支部队伍的绝对聚焦、关键成果的突破和定期复盘"OKR"实施过程中的问题总结凝练出学生党建"OKR"工作法需要遵循的原则。这套工作法不仅能完成目标，更能够激发党支部的热情和活力，对支部组织力、凝聚力建设具有积极作用，与高校"立德树人"的根本任务和为党育人、为国育才的重大责任使命同向同行。

（一）绝对聚焦——用"OKR"实现党建重要目标

使用学生党建"OKR"工作法设定目标是整个工作法中的关键，所设立的目标基于党支部需要有挑战、可衡量。有挑战的目标才能激发学生党支部的斗志，有明确的关键成果又不会让学生觉得这是空谈。一个好的目标能带来做事的激情，而看到关键成果时的些许担忧，说明关键成果的设置是恰当的。

在日常基层党建工作中，我们常常会遇到时间管理问题、支部活动参与度低等困局，这其实就是没有将基层党建工作关联到每位党支部成员的目标和行动上。紧急矩阵效率系统告诉我们做好时间管理的方法就是让重要不紧急的事情也变得紧急起来，这就是目前我们基层党建工作亟待解决的问题。要将基层党建工作目标和关键成果与个人相关联，确保支部成员一直朝着所定的重要目标前进，不被其他事情干扰。例如支部2021年度的重要目标之一是开展党史学习教育，本周将开展"百年华诞，继往开来"主题党日活动作为周目标，把学习习近平总书记系列重要讲话精神、写一篇学习感悟、在支部会议上进行5分钟的交流发言设置为关键成果,一周必须实现这三个关键成果,而这三个关键成果能确保支部本周目标完成,周目标的完成又关联到本年度支部重要目标的完成,那么每一位成员都必须去主动学习和准备。每一阶段都需要公布支部"OKR"党建相关任务的优先级是非常有效的,只有每位成员明确了各自的职责,目标才有可能实现;每一个阶段都需要进行总结与表彰,也应有批评与鼓励,通过不断地"承担职责—收获成果"激励党建工作稳健开展。

(二)讨论关键成果,定期总结"OKR"实施过程中的问题

一个工作法在实施的过程中不可能一帆风顺,一定会遇到各种问题,但这也是学生党建"OKR"工作法中的一个重点——与支部成员复盘讨论。党支部设置的重要目标和关键成果都会在实施过程中遇到困难,而定期的总结就是为了修订这些目标与关键成果。在完成任务实现目标的同时也需要重视教育的质量,直面一些教育方式和教育手段的不足,要让支部里所有人承担起自己的责任,在党建引领下,让学生自己定出与目标对应的关键成果优先级。让党建教育通过"OKR"实施过程真正地入脑入心。

学生党建"OKR"工作法整体架构图

在总结复盘的过程中，可以根据几个目标的实现过程制定一些状态指标来了解支部成员的状态，例如支部氛围、学习成果满意度等。这些状态指标会在后续的目标实现过程中产生相对效应，负责党建工作的辅导员需要持续关注和改善。在实际工作中，可以细化学生党建"OKR"工作法，例如可以制订周、月、季度等计划，定好目标关键成果、未来目标项目、状态指标。支部成员共同讨论并确定"OKR"，强调支部的群策群力，加强整个学生党支部的凝聚力。

（三）影响学生党建"OKR"工作法目标达成的关键因素

1. 给目标设置优先级

"如果所有事情都同等重要，就意味着它们也同等不重要"。在一项工作的计划阶段，常常会有很多想法和目标。这些目标看上去都很重要，都有必要去实现。如果把这些目标分别设置优先级，就会产生一个排序，这样能够使阶段目标更加明确。当我们排好序后，一次选择一个优先级目标放进学生党建"OKR"工作法中，那么目标达成的概率就会增加很多。设定一个单一的优先级目标，用三个关键成果来衡量它，可以聚焦在这一优先级目标上，并能获得良好结果。

2. 支部内部充分沟通，准确理解重点目标

根据新时代党的建设总要求，坚定不移推进全面从严治党，提升党建引领，让党建工作在学生工作中起到全面引领作用，无论是在思想引领、学科培养、综合能力培养等方面都要彰显党的政治方向，党支部内部需要充分沟通学习，准确把握教育主线，强化支部内部的认同感，明确组织交给的各项任务并尽职尽责地完成，创新教育载体、拓展宣传阵地，每周通过各种形式不断夯实阶段性目标，形成党建常态化目标管理，贯穿所有工作环节。

3. 做好支部计划

基层党建工作光有热情和决心还不够，需要有一个目标管理系统帮助我们始终保持在运行轨道上。原本"OKR"体系只是一种设置有挑战目标的方法，而将此方法运用到党建工作上，体系围绕党建重要目标展开：聚焦、讨论、承担、复盘、强化、奖励与批评。党支部书记和分管党建工作的辅导员要做好阶段性、长远性计划，并确定目标和关键成果，只有做好一系列计划才能确保工作朝着目标持续推进。

4.把时间花在解决主要矛盾上

重要—紧急矩阵是一种常见的时间管理工具,多数人能排除不重要也不紧急的事情,却很难摆脱不重要的紧急事务。当代大学生面临很大的时间管理压力,其中不乏学业和很多具有诱惑力的因素,如新媒体、游戏等,所以需要给基层党建工作目标定下明确的期限,保证在时间节点内实现统一的目标,让支部所有成员发挥自己的内在动力,推进基层党建工作质量。

5.进行状态指标反馈和追踪

学生党建"OKR"工作法是一套动态持续的工具,如果设定完目标就不管不顾,那么到了目标截止期便会发现工作没有任何进展。若"OKR"的目标和关键成果设定存在问题,就需要通过讨论、复盘、强化并再设定。若是过程管理存在问题,就需要密切追踪那些对目标推进有影响的状态指标。"OKR"工作法应动态管理,多做有效的事情,少做无效的事情,不断地学习,吸取教训,最后一定能获得成功。

(四)学生党建"OKR"工作法遵循原则

1.目标设定方向明确

目标要方向明确并且鼓舞人心,主动对接学生需求,将供给侧结构性改革应用到基层党建工作。

2.目标设定有时间期限

目标设定需要有时间期限,否则为无效目标,可以分为阶段性小目标和长远性大目标规划,但都需要有明确的时间期限。

3.由相对固定的组织来设定目标

"OKR"党建工作法是自上而下关联的,从党委到党总支到党支部都会被一条主线关联起来,每个活跃"细胞"都要思考如何设定自己的"OKR",这样总的"OKR"才会实现。在基层党支部层面,可以将支部的"OKR"集中在单个关键成果上,就会涌现很多类型的党支部,例如学习型党支部、服务型党支部、科研型党支部等;也可以将支部的"OKR"集中在支持党总支或党委的党建"OKR"上,围绕党委中心工作开展支部工作。每个支部党员也可以设定单独的"OKR",以反映个人成长以及明确支持支部目标。个人"OKR"使学生在工作日学习中更有方向感,也能影响他们身边的同学、组织、团体。同时这种方法可以凝聚团队的向心力,在个人"OKR"的设定中,基层支部、党员、支部书记凝聚得更加紧密,能够相互加深了解和理解。通过设定可量化的关键成果,可以避免主观因素对目标的影响,从而夯实组织的战斗堡垒作用。

4. 深入基层党建工作

学生党建"OKR"工作法要做成常规党建工作节奏的一部分,这套工作法真正的意义不在于达成目标,在于达成目标的过程,深入推动基层党建工作提质增效。

三、达成目标与成效

（一）党支部充分发挥战斗堡垒作用

通过学生党建"OKR"工作法的实践探索,数学系学生党支部先后获得上海市教卫工作党委"党支部建设示范点"培育支部,上海大学样板支部、上海大学"创十佳"党支部、上海大学优秀党支部等荣誉并挂牌上海大学学生党员学业服务站；支部部分辅导员获得上海大学优秀党支部书记、上海大学本科生优秀党员等荣誉并培养1名毕业生党员保研至中国人民大学党建专业深造。

（二）优秀创新人才培养效果显著

通过学生党建"OKR"工作法,不仅提升了基层党组织的组织力,更提升了每一名学生党员个体的综合素质,起到了模范带头作用。近两年,支部党员在数模竞赛中获得全国一等奖1组、二等奖2组、市级奖项35组,其中一等奖5组、二等奖6组；获得国际奖项65组,其中一等奖11组、二等奖52组。在数学竞赛中,获得全国一等奖3项、二等奖8项、三等奖10项。支部党员积极参与科研创新,两年来共申请获得国家级项目1项、市级项目4项、校级项目2项；学生获得实用新型专利2项、公开发表论文3篇,获上海大学本科生学术论坛一等奖1名。学院学生还获得校长奖学金1人、国家奖学金4人、上海市奖学金4人；毕业生党员继续深造比例已经超过了70%,一批学生进入了清华、北大、复旦、交大、中科大等国内知名院校深造,还有部分学生赴英国剑桥大学、美国纽约大学、英国帝国理工大学等国外知名学院攻读硕士、博士。

(三)培养社会主义建设者和接班人

在学生党建"OKR"工作法的实践探索中,支部培养出一批理想信念坚定、具有较高党性修养,愿意将所学奉献给祖国和人民、立志为中国特色社会主义事业奋斗终生的栋梁之材,他们带动学生一起用实际行动服务师生、服务学校、服务社会,为祖国建设添砖加瓦。

学生党建"党员示范岗"建设方法

悉尼工商学院　卫静芬

当前,我国高校在注重引进国外优质教育资源的同时,必须坚持社会主义办学方向,落实立德树人的根本任务,直面国际化、全球化、信息化的挑战,探索党建工作新模式,切实发挥党建和思想政治教育在提升人才培养质量过程中的作用,探索有效的实践路径。

上海大学悉尼工商学院辅导员团队,以习近平新时代中国特色社会主义思想为指导,全面落实党的教育方针和全国高校党的建设工作会议精神,紧扣立德树人根本任务,针对中外合作商科学生特点,扎实推进学生党建和思想政治工作,努力培养德智体美劳全面发展的社会主义建设者和接班人。

一、工作背景与问题

新时代高等教育面临新的发展机遇和一系列发展中的新课题。高校应找准立德树人切入点,创新开展学生党建和思想政治教育工作,为提升人才培养质量、促进高校办学发展提供强有力的政治保障和精神支持。

（一）国际化教育必然要求筑牢党建根基,体现育人时代特色

高校的国际化发展战略虽具有鲜明的人才培养目标国际化、管理模式国际化、教育理念国际化、师资队伍主体国际化等特征,但始终担负着培养社会主义建设者和接班人的重任。很多高校都有一定数量和比例的留学生和外教,这就决定了高校和二级学院都要通过中西文化比较教育增强学生的中国特色社会主义道路自信、理论自信、制度自信、文化自信,通过社会主义核心价值观教育筑牢党建工作基础,通过探索党建和思想政治教育有效实施路径构

建完善的立德树人育人体系。

（二）全球化背景必然要求加强思想引领，把握党建工作规律

随着世界多极化、经济全球化，大学生社会价值多元、中西文化并存、各种思潮交锋，新时代大学生的思想政治教育迫切需要我们在办学中把握党建工作规律、解决好"为谁培养人、培养什么人、怎样培养人"的问题，用马克思主义中国化时代化最新成果为指导，用中国特色社会主义共同理想凝聚力量，用民族精神和时代精神鼓舞斗志，用社会主义荣辱观引领风尚，牢牢掌握意识形态工作的领导权、管理权、话语权。

（三）信息化时代必然要求发挥党建优势，创新党建工作模式

党建工作信息化是党在新的历史条件下的现实要求和必然选择，为文化理念和价值理念的无国界传播拓展了新的交流平台。大学生在校期间海外交流交换的机会越来越多，对海外交流学生的教育管理，应运用好信息化载体，创新思想政治工作方式方法，把信息网络优势同党的政治优势和组织优势结合起来，克服时间、地域与文化差异，达到党建工作不受时间和空间限制，思想政治教育无缝衔接的效果。

二、具体方法与实践

"党员示范岗"是悉尼工商学院党委加强对大学生党员、积极分子的培养和教育，促进基层党组织作用发挥的党建创新平台。"党员示范岗"已形成五个成熟的板块：课程班、"阳光之家"、学生社区、学习中心和理论宣讲实践团。这五个板块涉及学生在校的课堂学习、课外自习、社区生活、体育锻炼以及感恩教育回报社会的志愿者服务，对广大学生的校园生活实现了全面覆盖。

该平台最先由一个本科生党支部于2006年创建"党员示范岗"项目，之后两个党支部联合管理运行，2010年经由学院党委在全院范围内全面推进。历经15年时间的探索发展，不断开拓新思路，创建新板块，在学院形成党员带好头、当模范的良好势头。该项目通过在课程班、团委学生会、学生社区和学院学习中心设立"党员示范岗"，增强学生党员和入党积极分子的角色意识，提高他们的工作能力，发挥党员的先进性和示范作用；同时通过党员和入党

积极分子的实践,解决学生中存在的各种问题,树立良好的党员形象,带动更多的同学向党组织靠拢,营造学院积极向上的氛围。

(一)课程班——教师助理、学生帮手

课程班作为学风建设的重要阵地,"党员示范岗"成立了课程班核心小组,主要由该课程班的党员同学组成,以学期为单位制定严格的值班制度,每位党员轮流上岗。值日的党员在上课前亮明身份,佩戴党徽,宣读一封致老师和同学们的公开信,其主要工作包括:积极配合老师课堂教学,营造良好的学习氛围;带头遵守课堂内的各项规章制度,维持班级的上课纪律,不迟到,不早退;承担辅助教学工作,如课前为老师擦黑板,检查话筒及投影仪设备是否能正常运作;搭建课程班师生在课下的沟通桥梁,利用网络手段在不同专业、不同年级之间搭建交流平台,互通有无,增进学习。学生党员参与到课程班的值班、运作工作中,努力为大家创造更加便捷的学习与交流沟通的方式。同时,相应的监督管理评价机制也保证了值日党员工作的效率和质量。

(二)"阳光之家"——志愿服务、回馈社会

"阳光之家"板块设定的初衷是为嘉定镇阳光基地的智障人士提供文体、娱乐、生活技能教授等志愿服务,参与者以悉尼工商学院的党员、发展对象、入党积极分子和入党申请人为主。发展至今,"阳光之家"志愿服务已经与夕阳红康复中心、福利院等服务场所开展合作,定期设置不同主题开展活动并提供人文关怀等帮助,队伍也逐步扩大,越来越多的师生参与其中。志愿者活动使得大学生走出校园,走进社会,关心社会弱势群体,为广大党员及入党积极分子提供了一个服务社会、奉献爱心的平台。"阳光之家"志愿者的招募主要采用海报形式自愿报名,后来越来越多的基层党支部以支部主题党日的方式参与进来,老师与学生们就活动策划进行商议、对比,最终结合时事等确定每一期的活动主题。

(三)学生社区——形式多样、色彩纷呈

经有关调查显示,在校大学生有三分之二的时间是在学生社区(生活园区)度过。"党员示范岗"立足党建工作,依托社区环境,旨在增强学生公民意

识,塑造有社会责任感的"准社会人"。学生社区板块与社区红卡工作室相结合开展工作,定期组织党的理论知识学习,组织学生学习研讨党的时事要闻,回答学生关于入党等问题;开办一系列的学习沙龙,诸如雅思英语讲座、出国考研准备工作等;以楼幢为单位参与"阳光之家"志愿服务、"感动上大,让爱回家"慈善募捐等公益活动;协助宿舍管理员老师检查楼宇寝室卫生,通过帮助与督促改善内务卫生状况,在"星级文明楼"评选中凸显党员先锋作用;在楼幢安全管理中表明党员身份,在安全用电、防火防盗等方面起到辐射作用;保持新生入校后的跨年级趣味运动会举行,在娱乐中加强朋辈教育,打破彼此"坚冰",增强班级和年级凝聚力。

(四)学习中心——成才平台、学术探讨

学习中心是学院专门为学生提供的一个学习空间,楼内配备了近百张桌椅以及十几台电脑、一台复印机和相关阅览书籍。为了更好地管理以达到学习中心最好的利用效果,学习中心实行"党员示范岗"值班制,制定了以学期为单位的值班安排、值班记录和严格的考核机制。学生党员在值班中佩戴党徽、亮出身份,维持自修纪律和学习空间的环境,从身边小事做起,为师生服务。

同时,学习中心会定期举行沙龙、微课、下午茶等活动,根据前期调研的学生需求来邀请相关领导和教师与学生面对面交流指导,解答学生在学习难点、出国留学、考研考试、实习求职等与学生成才发展紧密相关的问题。

(五)理论宣讲实践团——时政热点、主题宣讲

理论宣讲实践团主要由自身理论水平和政治觉悟较高的学生党员组成,为学院其他学生党员、入党积极分子和普通学生树立起一面关心时事政治、把握党的最新精神方针的旗帜。围绕"理论学习打牢基础"和"实践锻炼检验真知"这两个基本宗旨,理论宣讲团开展了多项主题深刻、形式丰富的活动。"国家大事我参与"和"党理知识我知道"已成为学院宣传栏时政热点阵地,定期更新,吸引了众多学生关注。学院党委也把这个板块吸收到学院的党校培训教育中,进行党的历史和基础知识的普及教育。理论宣讲实践团还受邀在首日教育上进行报告交流会,"星火燎原·大事小说"党的十九大精神宣讲团获2018年上海大学党建好项目三等奖。在学习和实践科学发展观、创先争

优、"两学一做"、"四史"学习教育中起到了积极的作用。

（六）融合全院师生,扩大社会辐射范围

学院党委高度重视"党员示范岗"项目的实施情况,在全院范围内积极倡导大力推进,在学院层面上为党员发展创造更广阔的学习、实践平台,充分体现党员、入党积极分子的先进性,加强和促进学院精神文明建设,影响并带动更多优秀的学生向党组织靠拢。"党员示范岗"从最初的学生支部层面上升到学院党委全院推进,在全院教职工大会上,学院党委书记专门着重强调了"党员示范岗"的意义所在,动员全体教师积极参加并配合课程班的党员开展工作。全院师生党支部都参与到项目实施中,实现全员参与。

"党员示范岗"结合学院国际化商学院的特色,关注外籍教师、留学生乃至社会外籍人士等,开展"外籍人士眼中的嘉定"系列调研项目,以品牌为载体,学院英语系教师和外教带领学生,以课程项目建设的形式推进。该项目成果已汇编成《用声音叙事:外国人眼中的上海嘉定（教育篇）》（上海大学出版社,2016年）并出版;项目第二阶段将扩大到嘉定区一级范围,为区政府提供翔实的调研报告,并带领留学生、外教感受中国传统文化,体验汉服魅力,深入接触中国茶文化、国粹京剧欣赏等;通过嘉定区各街道开展社区挂职,地铁站志愿服务,敬老院、农民工子弟学校志愿服务等各种活动,培养学生的爱心和社会服务意识。

（七）完善监督机制,力保项目科学运作

为保证项目运作的科学化、可持续性,项目从设立之初就不断完善监督考评机制,如今已形成相对成熟的监督机制,已实现对各级党员公正、公平地考评。

首先,在有值班安排的板块中,都会设置以学期为单位的值日安排表并予以公示,明确到具体日期的值班记录以便审查;其次,定期进行信息反馈调查,向教师和学生进行问卷调查,对相关党员进行打分,并提出意见和建议。同时,党员"成长记录卡"的使用也极大地调动了学生们的积极性,每一次的值班执勤都会有专门的项目章进行记录。学期结束,可参考成长卡进行品德打分,品德分计入学生奖学金评选参考范围,并作为入党积极分子考查的重要参考。

三、达成目标与成效

"党员示范岗"工作开展和谐有序,内容丰富多样。长期以来,学院不仅以大量的文字与图片资料保留了"党员示范岗"的成长足迹,更是以党组织凝聚力的增强和党员、入党积极分子与普通学生的成长进步证明了"党员示范岗"的成效。"党员示范岗"已经成为一面旗帜,在广大师生心中树立了楷模和典范。

(一)建立学生党建创新品牌

学生党建"党员示范岗"建设,有利于学院党委总结和探索基层党组织培养和教育党员的经验,丰富大学生党员培养教育的方法和内容,发挥党员先进性的辐射作用;有利于探索基层党组织战斗堡垒作用发挥的途径,营造学院积极向上的和谐氛围。

"党员示范岗"曾连续三次获得上海大学基层党建好项目一等奖,一次荣获上海大学党建创新品牌项目。学生党支部获上海大学提名样板党支部,学生党总支获评上海大学先进基层党组织,多个团支部荣获上海市五四红旗团支部。学院在实践中不断总结经验,在探索中不断前进,努力打造学院党建工作的特色亮点品牌。

(二)提高学生党员综合素质

"党员示范岗"有利于增强学生党员和入党积极分子的角色意识,坚定理想信念,发挥党员的先进性和示范作用。通过一系列的实践活动,培养和锻炼党员和入党积极分子,让学生立大志、明大德、成大才、担大任,成为具有家国情怀、全球视野、创新精神、实践能力的优秀人才。一批批的优秀学生涌现出来,多人次获得校级优秀党员、优秀党支部书记、优秀党员标兵、校长奖学金、国家奖学金、市级大学生年度人物提名等荣誉。

(三)校地合作扩大社会影响

校地合作,资源共享,"党员示范岗"搭建了学生党员和入党积极分子锻炼成长的社会平台。在社区挂职,地铁站志愿服务,敬老院、农民工子弟学校志愿服务等常规活动的基础上,学生党总支分别与嘉定镇街道离退休第一党支部、上海城建城市运营(集团)有限公司总部党总支签约共建并开展系列活动,形成老中青党员融合共建的新局面。"党员示范岗"曾荣获嘉定镇睦邻家园首届十大公益项目,其中"阳光之家"志愿者服务连续三年获得上海市"智力助残"优秀集体称号,多名志愿者被评为阳光之家"智力助残"优秀志愿者,扩大了社会影响力。

新时代卓越人才培养"思政+"工作法

新闻传播学院　韦淑珍

习近平总书记在2016年12月的全国高校思想政治工作会议上指出,要坚持把立德树人作为中心环节,把思想政治工作贯穿教育教学全过程,实现全程育人、全方位育人,努力开创我国高等教育事业发展新局面。

高校对人才的培养,要以习近平新时代中国特色社会主义思想为指导,全面落实立德树人根本任务,践行"三全育人"理念,以党建为引领,打通"第一课堂"与"第二课堂"。在上海大学新闻传播学院的思政育人实践中,始终坚持马克思主义新闻观教育这一定盘星,不断增强学生的脚力、眼力、脑力、笔力,助力培养造就一大批政治立场坚定、重合作、能担当、立足媒体融合前沿、能用新媒体讲好中国故事的具有全球眼光的新闻传播人才,逐渐凝练形成了"思政+"工作法。

一、工作背景与问题

"为谁培养人、培养什么人、怎样培养人"是高校思想政治工作的根本问题。当前,面对一系列新形势新问题新任务,必须有针对性地加以重新认识和改进,要教育青年学生坚定理想信念,引导学生全面客观认识当代中国、看待外部世界。

(一)高校思政工作面临新形势

当前,改革不断深化,社会结构调整不断加快,社会转型过程中的一些深层次问题不断出现,各种各样的社会思潮和价值观不断涌现。青年学生朝气蓬勃、视野宽广、开放自信,同时,他们的知识体系搭建尚未完成,价值观塑造尚未成形,思维方式和行为方式也正处于形成期,对各种似是而非的思潮缺乏识别。受此影响,青年学生对"中国特色社会主义事业的建设者和接班人"的身份认同度需要进一步加强。这是高校思政工作面临的新形势。

(二)高校思政工作需要新方法

高校思政工作要立足当下,创新发展,摒弃灌输式的老旧做法,让思政育人真正入脑入心。要紧跟时代发展,结合专业特色,让思政工作有完备的机制、有充实的内涵、有创新的形式、有丰富的载体、有高效的平台、有强大的抓手,不断优化高校思政工作方式方法,促进"三全育人"工作成效。

二、具体方法与实践

(一)强化党建引领,结合专业特色,创新"思政+党建"新思路

高校思政工作要全面贯彻党的教育方针,坚持社会主义办学方向,对接学校发展中心工作,把党建引领落实到思政育人全过程,结合学科专业特色,培养新时代卓越人才。

例如,在中国共产党成立100周年这一重要历史节点,上海大学新闻传播学院思政团队积极策划系列主题教育活动,充分发挥专业特色优势,以顺应当下传播规律的方式方法,以重点项目、系列活动、精品力作为载体,讲好党一步一步走向壮大和胜利的党史故事,讲好坚定共产主义理想信念的信仰故事,讲好当代青年全心向党建功新时代的青春故事,讲好党带领全国各族人民不断开拓进取的奋进故事,激发起青年学子爱党爱国的情怀与矢志报国的斗志。"一周党史"系列短视频、"建党百年·青云发轫上大人"系列条漫持续更新,"重走初心来时路·行走的党课"传媒青年行活动顺利开展,这些成果都已成为"三全育人"精品项目中的重要一笔。

(二)打造创新平台,实现以赛促学,助推"思政+竞赛"新联动

不断拓展"第二课堂"的内涵与外延,以专业竞赛和相关学科实践活动作为学生创新工作的重要载体和抓手,实现在赛中学、在学中练、在练中悟,让思

政育人工作融入社会实践与创新人才培养的大课堂。

在上海大学新闻传播学院,"两节一赛一展一营"已经成为学院实践育人的创新平台。其中不仅包括已连续举办三届,为培养新时代卓越新闻传播人才创条件、造氛围、搭平台的上海国际大学生智能媒体节,还包括由上海大学主办,共青团上海市委、上海市教委、上海市工商行政管理局、上海市对外文化交流协会指导,上海大学、上海市广告协会携手海内外三百余所著名高校共同参与的上海国际大学生广告节,还有具备全国性、权威性、高品质的会展赛事——全国大学生会展创新大赛,以及倡导青年人用影像记录时代变迁的上海国际青年"城市空间"影像周记录时代展。此外,为促进两岸青年文化交流,上海大学还与旺旺中时传媒集团合作主办"两岸青年城市体验营",该体验营是两岸首次以短视频为载体的青年创新交流活动,同时也是2021年教育部对台教育交流重点项目,旨在推动两岸相互沟通,增进互信认同,促进两岸青年的心灵契合。

(三)开展专业采风,夯实四力实践,创新"思政+实践"新模式

1. 打造实践项目品牌,把论文写在祖国大地上

参与社会实践,是当代大学生了解社情国情的重要途径。社会实践要依托专业,形成体系,以项目为牵引,引导学生深入基层,贴近民生,提升能力,增长才干。例如,2014年至今,上海大学新闻传播学院开展的夏季新闻采风活动已在长三角地区顺利开展,覆盖新闻传播系100%的学生,并获得了上海市教委"卓越新闻人才培养项目"的资助,在全国新闻传播教育界属首创。采风成果逐步形成"知·县"系列品牌效应,学生融媒体新闻作品在人民网、新华网刊播,点击观看量达数百万,真正达到了出人才、出精品、创品牌的效果。

2. 发挥联建共建优势,整合优质资源共促人才培养

大学生实践活动不应闭门造车、自娱自乐,应充分发挥联建共建优势,整合资源,使实践活动上平台、上水平。上海大学新闻传播学院作为上海市委宣传部部校共建的新闻传播学院之一,积极推进中共上海市委宣传部部校共建领导小组办公室组织开展的新闻传播学院大学生暑期"四力"实践活动。自2019年至今,已累计有80余名本科生、研究生参与其中,先后赴宝山区、静安区、浦东新区、闵行区、普陀区、金山区、嘉定区、奉贤区等区级融媒体中心实习,且参与人数逐年递增,在学生中反响强烈,广受欢迎。学院思政团队协助做好活动招募

组织和遴选、宣传等工作,为学生参与实习实践牵线搭桥、保驾护航。

学院通过发挥共建优势,把国家战略、社会需要与人才培养结合起来,形成"拳头产品",产生"头部效应",避免实践与社会脱节、实践与专业脱节、实践与育人脱节的现象。

(四)强化学术锻炼,做好科研育人,形成"思政+学术"新格局

1. 助力举办学术论坛,碰撞青年人的思维火花

高校是学术科研高地,开展学术锻炼可以培养学生理论素养、逻辑思考、辩证思维等方面的能力。因此,要做好"第二课堂"的大文章还需不断强化科研育人。例如,由上海大学新闻传播学院主办的上海国际研究生智能媒体新闻传播论坛、全国高校马克思主义新闻观研究生学术论坛等学术活动,为学生提供研究成果分享交流平台,从而丰富学生自身的理论知识、培养自身的科研创新能力、激发自身的学术热情,使学生拓展学术视野、树立学术意识。

学工队伍在学术活动中起到了组织、引导作用,使专业学术活动成为"三全育人"的重要平台,起到了学术育人、科研育人的良好效果。

2. 联合专业教师力量,织密育人体系网络

为进一步营造浓厚的学术氛围,加强学业指导、专业认知和学术交流,必须充分发挥专业教师队伍尤其是青年教师的力量。学院积极邀请来自不同学院、不同学科的青年教师和本科生、研究生一起,谈学术、话理想、共成长,以学术交流为纽带,以思想新锐、横跨专业、本硕覆盖为亮点,汇聚青年教师的思想力量与青年学生的青春梦想。

(五)对接优质资源,深耕业界"富矿",探索"思政+育才"新途径

1. 专业认知教育帮助学生系好在专业学习中的第一颗扣子

在开始专业学习前,学院用好专业认知教育的"黄金期",组织新生前往专业行业的龙头企业实地参观走访,让学生在专业学习前就留下专业初印象,树立职业初梦想,引领和帮助学生做好专业学习计划和生涯发展规划。

2. 全面全程导师制提升专业学习视野

学院实行全程导师制,实现人人都有学生、人人都有导师,除辅导员外,还为学生配备专业导师和业界导师。其中,业界导师可以由行业精英、杰出校友等社会人士担任,通过讲座、沙龙、座谈等形式,注重知识运用和实践能力培

养,全面指导学生竞赛、论文、实习、毕业设计等环节,让学生在校园里就能接触到行业前沿信息。

3. 共建实习基地建立校外"实践课堂"

通过与行业优秀企业建立专业实习基地,充分挖掘校友资源,打造专业实践和就业发展的重要支撑平台。

(六)练就过硬内功,着力于专业化建设,开拓"思政+队伍"新方向

学院通过提升思政团队的专业化队伍建设,有效应对高校思政工作者的能力恐慌问题,使思政工作者思想与时俱进,方法更贴近学生,通过搭建工作室等形式练就内功,提升专业化水平。

例如,依托"卓越领航人"党团引领工作室,践行"三全育人"理念,以党建为引领,通过课题研究、专题研讨、实践探索等方式,结合学科专业特色,积极打造"党团建设+思政引领""党团建设+专业引领""党团建设+学术引领""党团建设+凝心工程"的党团和卓越班级建设工作新格局,在高校党团和班级建设方面形成有规律探索、有实践成效、有可行路径的新思考、新成果、新模式。根据思政条块工作,建设心理委员培育工作室、大学生生涯规划工作室等团队,为学生成长成才提供全链条、全系统地保驾护航。

三、达成目标与成效

以"思政+"工作法为引领,总结梳理高校思政方法与成效,促进"三全育人"工作高质量发展,为培养新时代卓越人才赋能增效。

(一)让立德树人成为"思政+"工作法的出发点和落脚点,努力实现铸魂育人目标

1. 构建立德树人育人模式

以"三全育人"为纽带,结合专业特色,打通"第一课堂"与"第二课堂",在强化脚力、眼力、脑力、笔力,提升学生专业素养的同时,筑牢使命担当,助力培养新时代卓越人才。

2. 探索学生党团建设新路

以党建为引领,以党建促团建,发挥学生党员、优秀青年的榜样带动作用,辐射学生群体。同时注重党团建设内涵,通过党团建设提升育人成效。

3. 打造高校"三全育人"队伍

通过全员、全程、全方位育人,提升育人意识与能力,除建设专业化思政辅导员队伍外,也通过课程思政联动专业教师,推行全程导师制,形成"三全育人"网络。

(二)让知行合一成为"思政+"工作法的着力点和立足点,积极达到"三全育人"成效

1. 课程思政与学科建设成果丰硕,人才培养与智库建设相得益彰

上海大学新闻传播学院已有3门课程入选上海市教委本科重点课程,12门专业微党课获得《解放日报》等主流媒体报道。发挥智库优势,学院已有6篇专报得到中央有关部门批示,35篇专报被中宣部综合采纳。学院广播电视学专业入选国家级一流本科专业;会展专业获批教育部目录外新增首个特设交叉本科专业。这些成果与"第二课堂"形成互进共促的关系,让课程思政反哺学科发展,让学科发展推动育人成效。

2. 对接行业发展前沿,打造创新育人平台

上海大学新闻传播学院已成功举办全国首个智能媒体发展业界和学界30人峰会、全国首个研究生智能媒体发展论坛、全国首个大学生智能媒体节、全国首个智能媒体高峰论坛、全国首个智能媒体青年论坛。归结到一点,就是要积极打造能够承载"大思政"的学术平台、创新平台、实践平台,使思政育人有内涵、见实效。

3. 社会实践深入开展,能力塑造成效突出

上海大学新闻传播学院学生的优秀新闻采风作品在新华网、人民网等央媒刊发,获得百万级点击量。两年来,共选派近50名优秀学生赴上海区级融媒体中心实践锻炼;学生自媒体"传媒新观察"荣获中国(上海)高校传媒联盟五星级校园媒体等奖项;学生作品获全国网络思政奖项2项;有近30条次原创音视频在"学习强国"发布。在省部级以上学科竞赛中学生平均每年获奖达250人次以上,约占学生总人数的30%。

4. 党团建设亮点频现,思政教育有抓手、出成效

在"思政+"工作法的实践过程中,党团建设成为亮点之一。学院典型案例《发挥专业优势,践行立德树人使命担当》成为上海高校唯一入选上海市

委"不忘初心、牢记使命"主题教育办公室评选的优秀案例并汇编入册。10人次荣获国家级思政类奖项,多人次和多个集体(项目)荣获校级党建类荣誉。学院本科生党支部荣获上海市教卫系统先进基层党支部,学院团委荣获上海市"典型选树"优秀基层团组织,1个团支部荣获上海市"五四红旗团支部"称号。

5. 思政队伍建设实现内涵式提升

新闻传播学院思政团队获国家级奖项论文1篇,获市级课题优秀成果奖1项、市级课题立项2项;发表多篇思政论文。多人荣获校级思政类荣誉,立项校级思政工作室3项,思政工作全校考核优秀。

新生适应教育"三阶段"工作法

社区学院 丁小苜

2011年,上海大学社区学院在上海大学本科大类招生与通识教育改革中应运而生,按大类招生的学生全部归入社区学院,完成一年级学习。新生入学第一年的培养是大学教育的"拔节孕穗期",面对具有鲜明个性、文化多元背景的"00"后新生,上海大学社区学院基于上海大学制度特色,根据新生在不同阶段的适应性需求,细化指导,创新教学方法,探寻科学的新生培养路径,凝练学生成长规律,形成新生适应教育"三阶段"工作法。

一、工作背景与问题

适应教育是大学新生入学教育的首要内容。上海大学历来重视新生适应教育,在本科大类招生和通识教育的改革背景下,加强新生适应教育,对帮助大一新生尽快适应大学生活,完成由"高中生"向"大学生"的转型,扣好人生第一粒扣子至关重要。

(一)学生自身角色全方位转变带来的考验

刚步入大学的新生处于一个过渡阶段,正是心志与外在行为习惯重新塑造的关键时期。新的学习环境、学习方式的转变、多元文化的社交模式、大学生涯的合理规划等一系列问题,对学生完成角色转变和快速适应大学生活,都是一项重要的考验。作为长期从事学校思政工作的辅导员来说,要充分发挥自身的职业功能,将"引导"和"辅助"的概念渗透到新生适应教育中,有效地帮助大学新生完成角色转换、建立自理能力、拓展自我成长之路。

（二）学校教育教学制度改革带来的挑战

上海大学实施本科大类招生和通识教育改革以来，独具特色的"三制"制度，即学分制、选课制和短学期制，为学生的综合发展铺展了快车道。学分制、选课制给予了学生充分的自主权，学生可根据兴趣爱好选择适合的课程，根据自身学习能力安排学业进度，与此同时，短学期制的快节奏、对课外自学能力要求高等特点，也对学生在大一迅速适应、合理规划大学生活提出了较大的挑战。

二、具体方法与实践

本工作法围绕上海大学独具特色的教育教学改革制度和大学新生培养的特点，将新生培养工作分为转换期、关键期和选择期三个阶段，聚焦不同阶段中新生适应的成长需求，注重研判群体差异，摸索学生成长规律，结合日常工作，探寻新生培养的有效路径。

（一）转换期——帮助学生尽快适应和转变

新生从报到到入学，会产生较大的心理波动，遇到各类困难问题，此时学生便进入了大学适应的第一个也是最为重要的阶段——转换期。

1. 充分发挥辅导员主体性作用，加强对新生的理想信念教育和核心价值观引导

在这一阶段，针对学生初入大学时雀跃期待与迷茫困惑的普遍心理状态，辅导员应充分重视新生适应教育的主题设计，协同第一课堂，契合学生特点、学生心智、学生诉求，围绕理想信念教育、科学精神培养、人文素质培养、个性发展培养、心理健康教育、生涯规划指导等，开展题材丰富、内容多样的主题教育，发挥其实效性，充分调动学生能动性与积极性，做好新生思想层面的适应教育。

2. 通过谈心谈话与定量观察，建立学生的个性化档案

初入大学，面临着从学习方式到生活模式的全面转变，每一位新生面临的问题也不尽相同。饭菜是否合口、上课是否能听懂、参加几个社团、宿舍是否和睦、从此刻打算到未来规划，每一个问题都需要辅导员精准回答。辅导员与

每一位新生谈心谈话,结合日常工作中的定量观察,100%建立学生个性化档案。设计如"上学记""磨合记""秋收记"等足迹记录表,通过学生每一个阶段的思考和反馈,逐步构建出新生成长的立体式观察体系,以便实时掌握学生的发展动态,及时发现共性问题并对症下药,提高工作效率和精准度。

3. 协同育人队伍力量,全方位助力学生适应需求

辅导员、协同导师、管理员、学生干部、朋辈导师形成了"五位一体"的育人团队,依托新生活课、班团建设等重要载体,多元化的全员育人队伍共同服务于新生的适应需求。通过开展"师说成长"讲座、"导师与你面对面"等活动,充分联动导师资源,搭建导师与学生沟通的桥梁纽带;依托朋辈导师队伍,协助辅导员加强班级管理,实现新生班级自迎新至开学初期的平稳过渡;加强与楼宇管理员老师的联系,通过查寝、沟通,全面地了解学生在日常生活中的真实情况;重视班级学生干部队伍建设,培养一支"愿意为集体服务"的学生骨干队伍,营造有序、向心力强的班级文化与氛围。

(二)关键期——点燃学生能量

经过转化期,学生们对大学生活的期待和兴奋也逐渐趋于平淡,新生普遍进入了倦怠期,而这也恰恰是大学第一年的关键期。

1. 开展"拒宅·聚彩"系列活动,激活学生热情

这一时期,学业压力和难度上升,寒假穿插在学期中,使学生学业滑坡情况明显增多,寝室"宅"文化更是凸显。针对此现象,学院对学生的学习成绩与课外活动参与率进行了调研分析,发现两者之间存在着正相关关系,课外活动参与率为0的学生的平均成绩也是最糟糕的。由此可见,虽然将学生"拉回"课堂是辅导员责无旁贷的工作,但将学生"赶出"寝室也同样重要。辅导员应在这个时期充分发挥班级干部的能动性,设计如"足破寒风——拒宅·聚彩"系列活动,以班级、成长小组、团小组等为单位,开展趣味足球赛、"小组志愿青春行动""玩转上海""冬至饺香"等文化活动,在班级中形成"拒宅"文化风潮,号召学生走出寝室,感受大学生活的丰富多彩。

2. 充分利用课外平台和资源,激发学生学术兴趣

在学生已初步适应大学的授课形式、学习方式和学期节奏的基础之上,辅导员充分利用课外资源和平台,围绕所带学生的专业特色和学业需要,鼓励其积极参与各类科创文化类活动,激发学生学术兴趣。利用学校或学院开设的

导学答疑服务,鼓励基础课程学习薄弱的学生主动参与答疑补习,倡导学有余力的学生参与进阶班挑战自我;以"大学生创新创业项目"为依托,鼓励学生以团队形式参与项目设计与研究,迈出学术研究的第一步;开展"读书会"活动,使兴趣相投的学生进行充分的讨论,以书会友。以此为基础,促使学生带着问题阅读思考,主动与导师沟通,发现自主学习的重要性,了解学术研究的科学路径,为大学学习制定清晰合理的规划。

(三)选择期——树立理性分流观

本科大类招生与通识教育改革也为学生在大学第一年的适应期带了特殊的阶段——选择期,如何帮助学生进行科学的生涯规划,理性地选择适合自己的专业,这是辅导员在这一阶段的重要工作。

1. 聚焦生涯教育,建构专业选择的理性价值观

充分发挥"第一课堂",即活动课的平台优势,依托科学的生涯测评系统,解析学生职业兴趣、性格观、价值观,帮助学生更为准确地进行专业选择。同时,结合学校、学院组织的线上线下专业宣讲会、专业博览会、走进实验室、走进模拟法庭等活动,让学生充分了解各专业的学科背景、课程构成和未来发展,深化其专业认知,明确专业目标,初步形成个人生涯规划。

2. 拓展行业资源,全方位立体式提升学生的专业认知

辅导员积极联动校内外资源,让学生在熟悉校内专业构成的基础之上,了解专业背后的行业发展趋势,全方位立体式地进行专业选择。邀请企业内高管、就职人员走进学校、走进学生群体,围绕职业规划现身说法;围绕行业发展和前景,为学生梳理职业发展蓝图;围绕行业用人要求,帮助学生对标自身差距。另一方面,积极搭建平台,让学生有机会走出校园,走进企业,通过切身体会和观察,了解企业人的真实工作状态,感受企业文化氛围等。

3. 对话优秀毕业生,合理规划职业人生

在新生问卷调查中,当问到学生在专业选择时最为信任的人群是哪一类时,朋辈高居榜首。在专业选择时,学生普遍表示来自专业学院的宣讲信息未必是最客观的,辅导员提供的信息也不一定全面,但学长学姐们在专业学习过程中的亲身感受却显得真实且更具感染力。辅导员充分用好朋辈资源,开展如毕业生访谈、"对话毕业生"等活动,让新生通过深度访谈、对话的形式,了解学长学姐们曾经的专业选择心路历程,倾听他们在专业学习生活中的真实

感受，结合自身的情况，做出合理的专业选择和大学生活规划。

三、达成目标与成效

辅导员通过分析新生在第一年学习生活不同阶段的适应性需求、突出问题和重点难点，不断提炼规律，创新工作方式方法，细化指导，可以有针对性地帮助学生较快地完成从高中生至大学生的角色转变，更好地适应上海大学的办学体制，使新生积极思考人生目标；使新生的自学能力和综合素质有较大提高；使新生在学业、道德、情感和生活等方面得以和谐发展。

同时，辅导员在新生适应教育中开展思想引领、学风建设、生涯教育、全面发展等方面的育人工作，协同导师、管理员、学生干部、朋辈导师形成"五位一体"的育人团队，依托新生活动课、班团建设、成长小组等重要载体，形成了一种整体性、系统性、协同性的良好氛围，奠定了新生培养的"生态格局"，促进多元化的全员育人队伍共同服务于新生的成长成才。

海外交流学生思想教育微型生态圈构建法

悉尼工商学院　吴明龙

近年来,高校认真落实《国家中长期教育改革和发展规划纲要(2010—2020年)》要求,积极推动国际交流与合作,利用各种渠道选派出国交流的学生日益增多。2016年12月召开的全国高校思想政治工作会议,对新形势下高校海外交流学生的思想政治教育工作提出了更高的要求。如何加强和改进海外交流学生的思想政治工作,已成为必须重视的现实问题。

一、工作背景与问题

海外交流学生的特殊性在于他们处在异质的经济制度、政治体制、发展阶段、基本国情、文化传统、风俗习惯等环境中。青年学生容易受到西方价值观念影响,思想政治教育的持续性和连贯性面临挑战,党团班级活动的开展难度增加,主题教育的同步性难以保证。

(一)思想政治教育的持续性和连贯性面临挑战

目前,学生出国交流或者实习多采取大二或大三出国一年的留学模式,这样分段式的出国交流模式,给学生思想政治教育工作的持续性和连贯性带来挑战。如何巩固出国前的思想政治教育成效,保持出国期间思想政治教育工作的及时性以及回国之后的连贯性,成为思想政治工作者需要思考的现实问题。

（二）外派思想政治教育人员处于基本空白状态

思想政治教育工作需要由具体的人员来负责,但由于缺乏相应的政策支撑,目前高校普遍缺乏外派思想政治教育人员。国内的思想政治教育人员,由于时差、距离等原因,反馈的时效性以及内容的完整性都会受到影响,导致不能及时了解他们的学习、生活和思想状况。学生在遇到困难和问题的时候很难得到直接帮扶,学生和辅导员之间的时空距离,很大程度上影响了思想政治工作的开展。

（三）党团班级活动的正常开展面临挑战

学生出国以后,同一专业的学生被派往不同的专业、学校甚至不同的国家,居住分散,学习也是各自独立,时间、空间的间隔,导致开展集中党团教育、班级活动的难度很大,举办活动的频次难以得到保证,学生之间的相互交流也变得困难,相互借鉴、相互学习、共同进步的环境受到限制,党团、班级的凝聚力自然也会下降。

（四）学生党员教育难以同步性开展

近几年,全面从严治党不断向基层延伸,学生党员的教育和管理也在不断深化,党内的学习要求越来越高。海外交流的学生党员,身在异国他乡,虽然可以通过网络等渠道参与到党的理论方针政策的学习中,但是开展深入研讨交流、参加专题辅导报告、领取相关学习资料等方面依然存在一定的难度。参与相关主题教育的同步性、及时性难以保证,学习的全面性、深入性也大打折扣。

（五）海外交流学生易受西方价值观念影响

了解所在国的政治、经济、文化是海外交流的目的之一,但是由于大学生的世界观、人生观、价值观尚处于发展期,在学生直接观察他国社会的各类政治倾向、文化现象、宗教仪式等过程中,也更容易受到政治氛围、宗教信仰以及生活方式的影响。此外,某些国家也有目的地把海外交流学生培养成他们"意识形态"宣传渗透的潜在对象,试图对学生进行西化和分化。这些都是面向海外交流学生进行思想政治教育时面临的现实问题。

二、具体方法与实践

（一）出国交流前，强化思想政治教育的根基

1. 加强理想信念、爱国主义、民族自豪感和文化自信教育

要加强学生的理想信念、爱国主义、文化自信、民族自豪感等方面的思想教育，充分利用思政类课程的主渠道作用。强化中国传统文化的深入学习，只有充分理解、热爱中国传统文化，才能讲好"中国故事"，传播"中国好声音"。强化中国历史特别是近、当代史的教育，只有了解了我们民族、国家这段苦难历程和发展壮大的过程，才能明白国家和人民为什么选择中国共产党，选择社会主义制度和发展方向，才能明白这是历史的必然选择，这样才能不断增强中国特色社会主义道路自信、理论自信、制度自信和文化自信。

2. 强化安全教育，丰富安全教育形式

近年来，海外交流学生在国外被抢劫、被盗窃甚至被伤害的事件时有发生，疾病、车祸等意外伤害事件也时常见诸报端。举办出国行前安全培训，对于文化安全、人身安全、财产安全、心理安全、意识形态安全等问题分类别、分国家进行介绍，同时，介绍配套的安全工具使用方法、各类危险处理方式、境外寻求帮助途径等，进行全过程全覆盖式的教育。积极邀请留学回国学生进行宣讲，结合周边真实案例，总结经验教训；现场模拟可能发生的事件，亲身感受和实践面对危险时救助方式的使用过程；利用微信、微博、抖音等新媒体交流方式，及时推送安全知识和国内外形势境况，将安全教育融入留学生的日常生活中。

3. 强化海外交流学生心理健康，培养跨文化适应能力

面对跨文化交流环境、不同于国内的教育教学方式，学生所产生的跨文化适应压力如若得不到及时、正确疏导，累积下来就有可能诱发心理问题。很多学生都会经历一段情绪低落和调整期，辅导员应当注重对学生的抗挫折力、减压机制、交流能力等软素质的培养，提供心理和信息支持，帮助学生在新环境建立新的社会支持系统。

4. 做好出国行前培训，建立海外学习和生活支持体系

出行前培训是对海外交流学生在出国之前进行辅导的重要环节，应不断完善培训的内容，丰富培训的形式。在培训对象方面，不仅要培训学生，还要

培训家长、辅导员、研究生导师,告知学生出国期间应做到的关心、帮助和支持。此外,在采用常规的集中讲座辅导的形式之外,应增加团队辅导、个体辅导等针对性强的辅导方式,把出行前培训工作落实落细。

5. 详细讲解海外交流学生学籍管理

根据《上海大学学生管理规定(本科)》的相关规定,要求所有参与出国留学和海外实习的学生必须办理休学手续。交流项目结束,学校应及时帮助返校学生办理复学手续。

6. 完善海外交流学生奖学金评审制度

出国交流学生的奖学金评审主要分为两类:一类是出国交流学生在国外申请上一学年(在国内就读)的奖学金;一类是出国交流学生在回国复学后申请上一学年(含国外学习经历)的奖学金。对于第一类,出国交流学生应按照学校规定的奖学金申请程序委托他人代为办理。对于第二类,出国交流学生应及时将国外成绩单送交教务部门,经教务部门进行学分认定和成绩转换后,依照认定后的学分和转换后的成绩进行奖学金的申请。为了避免延误奖学金申请的时间节点,学院须提醒同学在回国前尽快与接收方沟通,及早拿到成绩单,回国后即刻递交学分认定和成绩转换申请。

(二)出国交流中,搭建"同频率"教育工作模式

1. 保证做到教育活动的"同频率"

一方面,各类教育活动要在内容上、形式上做到海内外"同频率"。可以通过网络等途径,邀请海外交流学生参与国内的各类活动,比如参与微党课讲授、微视频评选等。另一方面,指导、服务要及时跟进。采取多种形式,自发地根据所在国所在地的特点开创性地开展活动,但是其指导思想和原则要和学校统一。

2. 发挥海外交流学生朋辈"传帮带"的作用

针对海外交流学生,朋辈学生骨干的作用显得更加重要,他们是及时提供指导、准确反馈学生情况的核心力量。对朋辈的工作要求要和国内学生保持"同步",要把他们培养成朋辈教育的骨干。从制度和机制上真正发挥他们在海外交流学生中的主心骨作用,同步参与教育、管理和服务工作。

3. 积极赋能海外交流学生党员工作

随着海外交流学生人数的持续增长,海外交流学生中预备党员和入党积极分子的人数也越来越多。海外交流学生的党团工作也越来越重要。

对于预备党员，学院学生党总支要求其定期向所在党支部的支部书记电话或邮件进行思想汇报，以便党支部了解该预备党员的情况。学院也应建立交流生海外党小组，开展网上支部生活，通过网络，让身处不同地域的同一个党支部的学生党员一起学习党的最新文件精神，开展思想交流等活动。预备党员返校后提出转正申请的，在注明出国交流情况的前提下，可以按期转正，没有任何影响。不过对于出国交流时间为一年的学生，考察期可能会因为出国而延长。

对于入党积极分子，学院学生党总支以"严把入党关"为原则，不放松对每一名入党积极分子的考察。入党积极分子按照要求及时向所在党支部汇报在其国外的学习、生活和思想状况。如考察合格，可以按期发展为预备党员。

（三）学生回国后，严格落实反馈和反哺机制

1. 开展思想状况调研

在国外学习、生活后回国的学生的价值观念、思想状态甚至政治倾向都可能发生变化。因此，学生回国后，思政工作者要密切关注学生的思想变化，适时开展思想状况调研，采取多种形式的思想"体检"，了解学生的思想状况，深入分析发现的问题，及时采取适当的处理措施。

2. 组织回国海外交流学生座谈会

海外学习交流工作具有延续性，当届学生回国的同时，下一届的学生往往正在申请出国的过程中。召开海外交流生座谈会，一是介绍出国学生的经验，帮助思政工作者更好地了解海外交流学生的学习生活状况；二是帮助即将出国的交流生预先了解他们所关心的问题，提前做好各种预案。座谈的过程也是一次思想碰撞的过程，能够有效提升思政工作的针对性，帮助即将出国的学生做好充分准备。

3. 总结海外交流学生思想政治教育经验

思政工作者应注意总结经验教训，一方面总结国外思想政治工作的经验，通过座谈会、个别访谈、问卷调查等方式，了解、掌握学生思想政治工作的实效，查找工作中的不足，思考如何改进思想政治教育工作；另一方面，也要针对各个不同国家和项目的一些共性问题进行总结提升，形成经验，向今后出国留学的学生分享，使其能够更好地适应国外的学习生活。

三、达成目标与成效

（一）制定海外交流学生管理制度

针对海外交流学生的具体情况，学院先后出台了《海外交流学生选拔制度》《海外交流学生学分互换的操作办法》《上海大学本科生海外交流项目学习计划表》《海外交流学生申请双学位注册的管理办法》《海外交流学生学籍管理办法》《海外交流学生奖学金评审制度》等制度。

（二）建立多方联动协作管理和服务海外交流学生的工作机制

学院形成分管领导负责，院办与校国际部、校学工办、校教务部协调管理和服务模式，每个部门都有专门的人员负责相关的事务，以保证快速、专业地解决问题。同时，也建立了学院和海外高校，以及我国驻外相关机构的联动和信息分享机制，保证学院能够第一时间了解海外交流学生的情况并提供相应帮助。

（三）保证海外交流学生全链条管理

学院对每一位海外交流学生在出国前、出国中和出国后，以及出国学生党员的培养都有具体的安排和计划，保证管理和服务的无缝对接。

（四）处理突发事件快速及时

目前，学院已经通过与我国驻外机构、海外高校的紧密合作，快速和及时地处理了两起出国交流学生的突发事件，都取得了圆满的结果，获得了家长和学生的好评。

（五）海外交流学生满意度高

学院每年约有60%的学生参加海外交流学习和项目实践，根据学生回国后的问卷调查和座谈会反馈，学生对于学院在出国前的准备工作、学分换算，以及在国外遇到问题的沟通解决等方面的工作普遍表示满意。

打造"七大空间",提升思政教育质量与品格

学生工作办公室(武装部) 孟祥栋

持续提升思想政治教育质量和品格是高校学生工作队伍的初心和使命,关系到"为党育人、为国育才"根本目标的实现。从受教育客体的接受美学来看,越是高质量、好品格的教育资源,越能够获得客体的认可并深化于心外化于行。"七大空间"工作法是指在思想、心灵、课堂、社区、校园、社会和网络七个场域,注入不同的教育内容,解决不同的问题,最终实现人的全面而健康地发展和成长。这一工作法适用于校级层面的学生工作,能够统筹推进全校层面的思想政治教育和人才培养工作。

一、工作背景与问题

习近平总书记在全国高校思想政治工作会议上强调,要把思想政治工作贯穿教育教学全过程,思想政治工作关系到高校"为谁培养人、培养什么人、怎样培养人"这个根本问题。要坚持把立德树人作为中心环节,把思想政治工作贯穿教育教学全过程,实现全员育人、全程育人、全方位育人,努力开创我国高等教育事业发展新局面。

当前,思想政治教育工作出现了四个多元现象:一是学生的活动空间多元,宿舍、教室、校园、社会这是现实的物理空间,网络是虚拟空间,学生不再是教室、宿舍和食堂三点一线,有些活动区域可见,有些活动区域隐匿。二是学生思想、心理状况多元。近年高校新生团员比例持续降低,心理问题呈急剧上升趋势,学生组织的动员力趋弱,学生亚文化繁荣,这对思想工作的迫切性、有

效性和针对性都提出了挑战。三是学生群体多元,少数民族学生、经济困难学生、国际学生,既是一个学习共同体,也形成了差序格局,需要精准施策。四是教育主体多元,2017年教育部发布《高校思想政治工作质量提升工程实施纲要》,明确提出"三全育人"工作要求,要求充分发挥课程、科研、实践、文化、网络、心理、管理、服务、资助、组织等方面工作的育人功能,切实构建"十大"育人体系。高校每一名教职工都有育人职责,但具体如何实现,还缺少详细的工作路径和方法。"七大空间"工作法,是落实"三全育人"工作理念的一种尝试。

二、具体方法与实践

一是思想空间要红。红是指大学生要具备坚定的政治立场,坚定"四个自信",做到"两个维护",要坚持民族立场,在国际化背景下,拥有一颗红彤彤的中国心。学校积极构建以新时代、新空间、新成长为特色的第二课堂体系,借助入学教育、首日教育、主题教育和毕业教育,全面加强爱国主义教育、公民素质教育、劳育、美育、体育,并将"四史"学习教育与钱伟长思想融入其中,在红色文化引领下推进学生的全面发展。即使在2000年的特殊情况下,也在防控条件下举办主题教育活动300场,约23 400人次参与。在中国共产党成立100周年的重大时刻,学校以"传承红色基因,激活红色中枢,释放红色能量,培养红色传人"为主题策划"百名师生齐诵《共产党宣言》""百名学生采访百名党员榜样""百名新生致敬百名上大英烈""百千心语祝福党的百岁华诞""百名学生党员讲述百年上大校史""百名学生党员开展红色社会实践""百名学生党员先进事迹表彰宣传""七个百"活动,实现党史学习教育全覆盖,点燃红色火苗。

二是心灵空间要纯。纯是指大学生要有健康向上的心态,良好的人格修养,畅通的人际交往能力,较强的抗逆境能力,能够应对学习生活中所面临的各种难题,而这一切都取决于大学生健康的心理。学校积极推进心理教师队伍专业化,通过加强与康平医院的医教结合,提升学生心理咨询成效;积极开展新生心理普测和访谈工作,扎实做好心理危机预防和干预工作;积极落实心理育人进社区,心灵驿站驻学院,建立覆盖学生生活圈的心理健康服务机制;借助微信公众号等线上平台积极宣传心理防疫科学知识和求助资源,通过多种网络媒介提供个别心理咨询服务。2021年,上海大学心理辅导中心全年接受心理咨询3 870人次、实施团体心理辅导50余次,开展培训督导120余场。

三是课堂空间要严。严是指要学术回归学术,学习回归学习,千方百计解决"进入大学可以松一口气"的想法所带来的学习"疲软"现象,让学生忙起来、学风紧起来,多参与"两性一度"课程与项目。以《上海大学关于加强新时代学风建设的指导意见》和《上海大学关于加强学风建设的实施意见》为指南,夯实学风建设,提高课堂这一空间的严肃性。实施卓越班级建设制度,挖掘优秀班级的成长规律和育人规律,探究班长智库的建设路径,积极利用易班网络开展易班支持计划,推出一批"有特色、共聚力、同卓越"的卓越班级和卓越班长典型,促进班级成员共同成长,以优良班风带动优良学风、校风建设。近年来,学校每年立项约150个卓越班级。同时,严格考风考纪,把规矩和纪律挺在前面,考试违纪一律严肃处理。

四是社区空间要和。和是指学生在生活园区的人际关系要和谐,生活环境要和美,生活园区育人和专业学院育人要合拍,养成教育要达到与学生性格和谐。随着高校入学率的提升和学分制、选课制的普及,学生社区日渐成为课堂之外学生集聚、交流、互动的主要教育空间,成为开展日常思政教育的重要场域。为更好地服务学生成长需求,学校应不断改善硬件、改革管理、改进方法,持续将资源汇聚到学生社区,将服务延伸到学生社区,将力量部署到学生社区,将管理升级到学生社区,重点打造与学校通识教育、全人培养相匹配的网格化学生社区管理模式,有效推动全员、全过程、全方位育人新格局。在日常管理上,把宿舍这个最小单元作为重点,合理进行宿舍分配与调整,开展特色寝室评选,让学生把宿舍当作"家"来经营。"家和万事兴",最小单元和美了,学生就能健康快乐成长,学生的人格养成教育也能深入开展,学生的全面发展就有了基础。

五是校园空间要暖。暖是指校园在硬件设施上要人性化,让学生的生活方便快捷;在服务上要精细化,让学生在事务办理过程中感受温馨、受到教育;在帮困资助上要精准化,不让任何一个学生因经济困难而失去平等发展的机会。一方面,学校着力整合育人资源、拓宽育人空间,重点利用开学季、毕业季、军训季等重要时间节点,通过让优秀学生上墙、活动空间上网、校园大戏上台、校园地标上单、"四史"书单上架等创新举措引导、服务学生,润物细无声,让校园处处散发"思政味"。另一方面,学校建设"一站式"校园服务中心,把就业、学籍、档案、保卫等相关业务迁入中心集中提供服务,实现了"最多跑一趟"。学校把慈善爱心屋开在了校园里,让经济困难的学生自主选择需要的物品。学校食堂还专门保留了物美价廉的"八大件",让学生吃到价廉物美的饭菜。新生报到,都可以免费吃到一块"上大糕",寓意在上海大学学业有成;毕业生离校前都会吃到免费的"缘圆狮子头",寓意与母校的缘分源远流长。在资助工作上,以精准、及时、动态为关键词,有学生出现困难必定能够及时得到救助,学校还会根据经济社会发展和学生家庭情况动态调整资助名单;同时推进发展资助和隐性资助,给予经济困难学生出国交流的机会,根据同学在食堂消费的情况,给予相应餐饮补贴等。

六是社会空间要广。广是指要在社会这个广阔的空间中强化思政教育,加强实践育人,让学生为社会发展奉献力量,在理论学习的同时了解社会、认识社会,坚定投身中国特色社会主义事业的信心和决心。学校始终坚持"开门办思政"的理念,积极推进"引进来"与"走出去"相结合的城校协同育人模式,先后推出"探索上海""新生走访城市""到城市中办课外活动"等一系列"走出去"举措和城市品格进教材、进第二课堂,名人校外导师等一系列"引进来"举措,用绵薄之力培养青年学子成为上海城市品格的弘扬者、践行者。学校开设"大学生社会实践"必修课,让每位学生都参与社会调查,触摸社会,增强与社会的黏合度,提高对社会的亲切感。学校还组织形式多样的志愿服务工作,既有展会性质的如进博会、花博会志愿服务,也有长期性的场馆如一大会址、渔阳里志愿服务,使学生在奉献和服务中提高思想认识。

七是网络空间要正。正是指学生需要具备良好的网络素养,合情合理利用网络获取知识;在网络空间这个虚拟空间中,坚持青年学生应有的品格,不乱发声、不制造网络舆情。学校高度重视网络思政引领,深入推进网络素养教育普及化,通过问卷调查、访谈等形式,促进学生从"知网、懂网"到"善于用网";推进融媒体建设规范化,组建专业的网络服务团队,策划推送特色校园文化、榜样学生等内容,进一步增强网络吸引力和凝聚力;及时掌握网络舆情,成立舆情工作专项工作小组,关注并搜集学生的诉求和建议,做到主动对接、准确反馈、及时解决。学校在抖音、哔哩哔哩、快手等平台开设官方账号,用学生喜闻乐见的方式传播主流思想和主流活动。学校组织网络素养专题培训,通过案例解析、网络基本常识、网络诈骗的基本形式等知识的教授,提高学生合理用网、规范用网、安心用网的能力。

三、达成目标与成效

通过"七大空间"工作法,学校实现了思想政治教育的空间、群体双覆盖,校内、校外双覆盖,网上、网下双覆盖,形成了系统性的思政工作模式,并取得了一定的成效。

一是在学生群体的精准管理上,实现了学生群体在不同空间的管理,比如在大学生入党问题上,不仅注重学生的课堂学业情况、在学生群体中的活跃情况,也要注重其在生活园区的日常表现,全面考察学生的方方面面,避免"精致的利己主义者"进入党组织。

二是在学生动态的精准管理上,贯通了学生群体在现实校园与网络虚拟空间中的管理,解决部分大学生网上、网下不一样的问题。同时,把网络素养教育放在重要位置,极大程度地降低了网络舆情和网络诈骗案的发生,营造了风清气正的网络环境。

三是在学生成长的精准管理上,关注了经济有困难、心理有困惑、学业有困局这三大群体的管理,做到一生一册,及时反馈,及时处理,及时化解、跟踪服务。当前,在日常思政工作中,心理危机的发现、处置最为棘手,"三托六变"的托人、托言、托物原本都在现实生活中,现在托言和托人多数都在网上,通过对网络空间的关注,学校及时规避了很多风险。

四是在学生的全面成长管理上,全面引导了学生综合素质的管理,通过社会服务、课堂学业等方面开展工作,形成了具有奉献意识、良好组织能力的拔尖创新人才培养格局。在校学生中有70%都有志愿服务经历;学校每年为部队输送约70名大学生士兵;学校连续四年组织本科生学术论坛,做到了92个专业学生的全覆盖,学校整体的学风优良,形成了标杆引领、创新先行的良好氛围。

五是在辅导员的职业发展管理上,充分激励了辅导员专业化能力提升及管理。辅导员职业功能面广,同时又是日常事务的主导者,往往会无从下手,找不到职业发展的方向。在"七大空间"工作法的指导下,辅导员可以聚焦思想空间的红成为党建达人;聚焦心理空间的纯成为心理咨询师;聚焦课堂空间的严成为学风建设大师;聚焦社区空间的和成为养成教育专家;聚焦校园空间的暖促进资助工作研究;聚焦社会空间的广成为志愿工作研究专家;聚焦网络空间的正成为网络思政专家。辅导员找到自己的工作特色点,才能逐渐树立职业自信,形成可以长期坚守在这个阵地的专业化、职业化队伍。经过几年的努力,学校涌现了一批这样的专家型辅导员,也成立了20多个辅导员工作室,"辅导员中的辅导员"成为学校思想政治教育工作的领头雁。

多维切入　助力成长

辅导员主题班会"5W2H"工作法

社区学院 薛赛男

习近平总书记在纪念五四运动100周年大会上指出：新时代中国青年要听党话、跟党走，胸怀忧国忧民之心、爱国爱民之情，不断奉献祖国、奉献人民，以一生的真情投入、一辈子的顽强奋斗来体现爱国主义情怀，让爱国主义的伟大旗帜始终在心中高高飘扬！高校作为青年的重要聚集地，必须践行习近平总书记系列重要讲话精神。在探索思想政治工作规律和当代大学生的思想接受规律的过程中，上海大学社区学院归纳总结出辅导员主题班会"5W2H"工作法，用大学生听得懂的话语开展主题班会，提升思政育人成效，引领学生"心有所信，方能行远"。

一、工作背景与问题

（一）大学生成长成才需要理性引导

现阶段大学生普遍注重个人奋斗，自我成长需求较强，认同"幸福都是奋斗出来的"，会主动寻求校内外资源满足自我提升需求。他们追求个性化，兴趣爱好较为广泛，且善于使用网络满足衣食住行等各类需求，线上较为活跃。而现实生活中，部分大学生不喜欢"冒尖"，"沉默的螺旋"效应尤为凸显。面对学生"自我沉浸式"的群体性特点，辅导员有必要通过主题班会进行爱国主义、集体主义、社会主义教育。

（二）互联网对传统课堂的冲击需重视

在互联网时代，学生可轻易通过网络寻找所需信息，打破了曾经传统课堂作为单一获取知识途径的模式，这对辅导员在理论宣讲时渗透出的知识广度和深度提出了更高的要求。在信息爆炸时代，碎片化和短平快的阅读体验，也让学生的注意力极易转移，如果不能创新课堂形式，打磨精品内容，就容易陷入苍白无力的说教旋涡，让主题班会效果大打折扣。

基于此，结合工作实践，提出辅导员主题班会"5W2H"工作法，以探究开展主题班会的有效路径。

二、具体方法与实践

"5W2H"工作法又称七何分析法，用5个以W开头的英语单词和2个以H开头的英语单词进行设问，发现解决问题的线索，寻找思路，设计并开发新项目。此法广泛用于企业管理和技术研发，对于决策和执行性的活动措施也有积极效果。

主题班会的"5W2H"具体指：WHAT——主题班会"说何事"；WHO——主题班会"何人说"；WHEN——主题班会"何时说"；WHERE——主题班会"何地说"；WHY——主题班会"为何说"；HOW——主题班会"如何说"；HOW MUCH——主题班会"说多少"。

七何工作法可以准确界定问题，清晰表述问题，提高工作效率。将主题班会设计思路置于"5W2H"的总框架下，有助于思路的条理化，避免流程设计中元素缺失，从而使主题班会方案更全面有效。

（一）准确把握主题班会"说何事"

主题班会的对象是青年学生，其根本目的是理想信念教育，在选定内容时应注意：一是非纯理论。主题班会的内容既可以围绕学习贯彻习近平总书记系列重要讲话精神、学习共产党人的伟大精神谱系等，也可以立足于辅导员日常工作，如校纪校规、帮困心理、生涯规划、科创实践、文体活动等，但无论选择哪种类型，都要注意辨析主题班会与思政课的区别，避免纯理论性灌输，要讲青年想听、爱听的内容，潜移默化地进行价值引领。二是非全面性。在准备主题班会的内容时，要处理好宏观与微观的关系，注重"以小见大"，线索清晰，重点突出，避免面面俱到，内容大而空。三是非封闭性。在内容选择上要更具开放性和延展性，不要陷入某一个知识点的闭环当中，要注重学生的互动与反馈。

（二）准确把握主题班会"何人说"

策划开展主题班会的人是辅导员，辅导员要处理好个人与集体、主导性与主体性的关系。辅导员在开展主题班会时代表的不仅是个人，还是一名思想政治教育工作者，这就要求辅导员所写、所说、所做皆是正确的、正能量的。在主题班会中，辅导员不一定是主讲人，可以突出学生的主体性，但辅导员必须是主导者，在互动中循循善诱，把控主题班会的大局和节奏，确保主题班会的教育意义。

（三）准确把握主题班会"何时说"

主题班会的时间选择分为"常规性"和"特殊性"。"常规性"即为固定的时间和频率，如每周一次，每月一次；"特殊性"体现在以下几方面，一是重要的时间节点，如中秋节、建军节、国庆节、春节以及七夕节等重大节日；二是校园重大事件，如迎新季、毕业季、开学季、高考季、军训、运动会等；三是国内重大事件，如党和国家领导人发表重要讲话、召开重要会议等。在特殊的时间节点开展主题班会，一是能营造浓厚的主题教育氛围、二是能更好地引发教育对象的共鸣和认同。

（四）准确把握主题班会"何地说"

主题班会的授课地点可分为"常规地点"和"特殊地点"、"课内"和"课外"。"常规地点"即为普通教室，"特殊地点"可围绕授课主题进行设定。如"党史"类主题，可选择红色文化旧址、"体育"类主题，可选择运动场、"文艺"类主题，可选择艺术馆等。习近平总书记说："思政课不仅应该在课堂上讲，也应该在社会生活中来讲。"主题班会场地不应只局限在"课内"，应放诸"课外"的社会大背景中，课内、课外合力育人。

（五）准确把握主题班会"为何说"

"为何说"应包含课程背景、目标和意义。课程背景可分为宏观背景和微观背景。宏观背景即为国内、国际形势，重要会议精神，高校思政工作要求等。微观背景主要是聚焦主题本身，如果主题还包含热点和主讲人特殊身份，也需详细阐明。

课程目标和意义应包含理论学习、价值澄清、身体力行三个层面。理论学习即围绕主题进行故事性、叙事性阐述,让学生理解和掌握主题班会知识层面的基本内容;价值澄清即带领学生思考故事或人物背后渗透出的历史必要性和价值,引导学生正确认识世界发展和中国发展的趋势、正确认识时代责任和历史使命、正确确立远大抱负并脚踏实地;身体力行则是引领学生通过理论学习树立正确的历史观、价值观,审视新时代青年的责任和使命,树立为中华民族伟大复兴而不懈奋斗的信念和决心。引导大学生主动践行新时代使命,实现个人价值与社会价值的统一,努力成为全面发展的社会主义建设者和接班人。

(六)准确把握主题班会"如何说"和"说多少"

"如何说"即为主题班会的总体设计思路,"说多少"即为成效和质量的实现路径,这两者不可分割。主题班会的总体设计思路应包含学情分析、前期准备、设计构思、方式方法、注意事项等。

学情分析的对象主要包括学生特点、学习现状、学习需求等。如面向35名大一新生开展"党史"学习教育的主题班会,前期应做好调研:学生特点为"00"后,理工大类。学生对"党史"学习教育的需求特点是内容上要故事性强、短小精悍、重点突出、生动性、多样性;方式上要与现代科技融合、多互动、有更强代入感、多媒体多平台;兴趣上要少看多动,融入实践。主题班会策划开展前,一定要提前调研学生情况,了解学生所思所想,根据学情分析确定主题班会的开展路径。

在前期准备时,注意统筹规划,按照计划如期执行;注意时间的灵活性和空间的延展性,理论与实践相结合,平台和形式多样化。其主要流程为:首先确定班会主题,撰写教案,准备PPT、视频等。然后线上、线下发布班会时间、地点、主题以及需学生提前学习的材料,由学生自由组建学习小组。最后召开班委会,围绕班会主题策划学习与实践活动。例如,理论学习可通过"三个学"即个人自学、结对互学、小组研学,围绕主题梳理背景、进程、意义等。实践活动可通过"三个一"即参观一个红色展览、观看一部红色影片、寻访一次红色文化旧址,更有实感地体会革命先辈的精神力量。

在设计构思上,可以以时间、空间等为线索,以人物为核心,以故事为着力点,以问题为导向,设计和开展主题班会,主要包括课程导入、核心讲授、互动谈论、总结反馈四个步骤,层层递进。

在方式方法上,包括教师讲授、新媒体新技术的交互讨论、实践调研,即在参观、寻访、创作的过程中引导学生"望、闻、问、切、治",身体力行。

在注意事项上,辅导员在设计和开展主题班会过程中,要始终以学生为中心,增强主题班会的"四性"。一是要注意课堂空间的连续性。课前做好充分准备,合理安排理论与实践内容。会后做好巩固反思,依托作业和调研反馈,夯实育人效果。二是要注意班会内容的针对性。在恢宏的历史史料中精准选取切入口,以小见大,紧紧抓住学生的注意力。三是要注意班会形式的新颖性。用青年人喜闻乐见的方式开展班会,加强互动和多媒体技术的运用,避免枯燥乏味,避免说教式课堂。四是要注意班会主题的思想性。避免内容和形式的泛娱乐化,内容可以新颖、形式可以活泼,但要时刻围绕班会的育人目标开展。

三、达成目标与成效

主题班会"三力"俱全。"5W2H"工作法为有效开展主题班会提供了全面且详细的指导,达到了理论宣讲解释力强、班会形式设计力强、价值引领实施力强的效果。如围绕长征精神策划开展主题班会时,以习近平总书记系列重要讲话和相关会议、文件精神为指导(把控方向)、以"快乐星球"为切入口(紧抓热点)、以时间为线索(重视逻辑)、以人物为核心(聚焦主题)、以故事为着力点(深化内涵)、以问题为导向(激发思考),让学生理解长征精神的基本内容、长征精神的重大意义、长征精神的时代性(树立正确党史观)、让学生探索践行长征精神的实践路径(深化当代青年的责任担当),激励学生付诸实际行动。本次班会在2021年上海高校辅导员主题班会展示活动中荣获二等奖。

学生引领效果显著。在"5W2H"工作法指导下,主题班会在对学生价值引领和行动力激发上均有显著效果。如通过"党史"系列主题班会,班级递交入党申请书比例已超过60%、申报寒、暑假社会实践项目(红色专项)比例超30%、主题团日活动参与率达100%,该班所在团支部获评2021年度校级活力团支部、校级五四红旗团支部等荣誉称号。

主题班会是大学生思想政治教育的重要阵地,对学生成长成才,形成正确的世界观、人生观、价值观有着不可替代的作用。辅导员应把握新时代学生特征,在个性与共性中寻找平衡,处理好主题班会与思政课的关系,处理好辅导员与学生的关系,处理好形式与内容的关系,处理好过程与结果的关系,让主题班会在规定动作和自由动作间实现无缝衔接,发挥更大效能。基于此,在科学的理论指导和工作实践中,对主题班会的有效实施路径作如下总结:

(一)主题班会开始前

1. 注重空间延展

统筹布局,注重课堂空间的多样化与连续性。课前参观寻访,课中讲授互动,课后调研反馈,空间的转换应紧紧围绕核心主题,逻辑合理,精巧布局,以培养德智体美劳全面发展的社会主义建设者和接班人为目标。

2. 注重学情分析

总结分析学生思想、心理、个性、接受度等方面的特点,找准主题班会切入点,拟定适当容量的课程内容;调研学生的学习需求和看法,分析学生思想认识上的不足,树立正确的世界观、人生观、价值观为目标,有的放矢地拟定课程内容。

3. 注重与时俱进

思政课堂也要"因时而进,因事而化,因势而新",确保教学内容的时效性、形式的创新性、故事的动人性。

(二)主题班会进行中

1. 注重深入浅出

要对主题的内涵进行生动形象地解读,注重教育的"接地气"和"人性化",以人物为核心,以故事为着力点,以问题为导向,引导学生主动思考,避免说教式课堂。

2. 注重深化主题

不能一味迎合、一味求新求奇,避免泛娱乐化、全盘活动式,不能偏离主题班会对学生进行思想价值引领的本质目的。

3. 注重逻辑递进

浅层是人物、故事、历史,中层是对一种精神或一种力量潜移默化的内涵解读,深层是润物细无声的思想政治。

（三）主题班会结束后

1. 注重"知行合一"

在小课堂和社会大课堂中，引导学生学史明理、学史增信、学史崇德、学史力行，彰显青年责任担当。如鼓励学生积极投身公益服务、申报大学生社会实践活动、参加挑战杯等各类实践活动，使学生在学习生活、工作中，应用班会学习中学到的知识、规律来分析、解决问题，应对挑战。

2. 注重调研反馈

通过调查问卷、访谈等形式开展课外调研，了解开展主题班会活动取得的效果、存在的不足，并及时调整和改进；关注学生线上线下的思想动态，巩固教学成果。

志愿服务提质增效"3+3"工作法

悉尼工商学院 李 玲

大学生不仅要学习书本知识,还需要参加课外实践活动,以理论联系实际,用脚步丈量祖国大地,在实践中成长成才。上海大学悉尼工商学院致力于应用型商科人才培养,为培养学生的实践能力、社会责任感和担当精神,提升综合能力,实现知行合一,秉承着志愿服务理念,通过"三种志愿服务模式",实现志愿服务工作制度化推进、专业化引领、常态化保障"三项机制",形成了"3+3"工作法,助力志愿服务的提质增效,取得了较为理想的效果。

一、工作背景与问题

志愿服务作为大学生参与社会实践的主要途径之一,是高校素质教育的重要环节,对学生的发展、成才有着重要意义。在庆祝中国共产党成立100周年大会上,习近平总书记曾深情寄语新时代的中国青年:"以实现中华民族伟大复兴为己任,增强做中国人的志气、骨气、底气,不负时代,不负韶华,不负党和人民的殷切期望。"

(一)青年学生参加志愿服务的实践路径需要拓宽

作为新时代的青年学生,牢记习近平总书记殷切嘱托,积极弘扬和践行社会主义核心价值观,为他人送温暖、为社会作贡献,不断彰显理想信念、爱心善念、担当观念,是人民有信仰、国家有力量、民族有希望的生动体现。在志愿服务活动开展过程中,辅导员发现,学生的志愿服务内容和主题以及服务对象比较单一化,并且缺乏具有针对性的服务流程和模式,因此,难以形成系统性的育人效能。

（二）辅导员开展志愿服务的实践育人模式需要创新

志愿服务要与国家发展同步，自觉呼应时代要求，切实发挥自身优势，在参与推进全面建设社会主义现代化国家的伟大实践中，加强对青年学生服务他人、奉献社会的思想引领，提升青年学生将专业知识落地转化为实践的能力，这是辅导员思政工作中至关重要的一个方面。传统的志愿服务模式，在某种程度上存在短暂性、局限性，由"三种志愿服务模式"和"三项机制"，组成的"3+3"工作法，有助于志愿服务工作的提质增效。

二、具体方法与实践

（一）三种模式，夯实志愿服务系统性工程

1. 互建共赢的支教模式

（1）具体项目：深入中西部，开展教育扶贫

1997年暑期，学院开始组织学生以志愿服务队形式，参与云南省扶贫义教活动。从1997年到2011年，每年暑期学院都会组织师生前往芹菜沟希望小学开展义教、帮困和调研活动，扶贫义教之路一走就是十五个年头。2009年，学院师生在江西景德镇余家希望小学进行了为期一周的支教与社会调研活动，与对方学校建立了良好的互动与沟通。同年，两校双方就达成初步合作意向，并坚持至今。在支教工作开展的过程中，积极开拓资源，吸纳校友和社会爱心人士的力量，在传统的校企合作基础上，注重对社会责任感和精神文明建设的深入挖掘，开启校企合作服务社会的新模式。

（2）操作流程：重育人实效，周密部署筹划

通过多年的经验积累与总结，扶贫义教项目已基本形成规范的操作流程和开展形式：每年4月启动，确定带队教师后，经过海报宣传、踊跃报名和两轮的面试，最终确定扶贫义教和社会调研的成员名单。一个月的紧张筹备，包括分工、采购、主题活动策划、调研方案确定等，事无巨细，有条不紊。一切准备妥当后，义教团的师生于6月踏上前往支教当地的征程。为期两周的支教生活，载着满满的收获安全返回上海。师生们在扶贫义教期间，通过课堂教学、师生座谈、结对资助、家访调研等一系列特色活动，让学生在认真学习科学文化知识的同时，也丰富课余生活、强健身体。

（3）项目效能：问题为导向，贴近实际需求

在多年的扶贫义教实践中，秉承校训精神，在努力付出的同时不断探索，使该项工作的思路和经验不断得到明确与凝练。

第一，通过连续多年募集善款用于资助学生或者改善教学设施，切实缓解当地经济困难。

第二，通过文化、科技、卫生"三下乡"活动，丰富当地村民文化生活，不断提高当地村民的精神生活水平。

第三，通过持续的义务服务与帮困助学，播撒爱的种子，传递人间友爱，促使大学生思考自身肩负的社会责任和历史使命。

第四，每年根据形势发展，确定不同的活动主题，传播知识与文化，促进支教受教两地文化互动与交流。

第五，通过多种渠道宣传，带动更多人加入支教队伍，并将受助学生的感谢信交到结对的爱心人士手上，培养大学生的感恩之心。

2. 独具特色的国际化重大志愿服务模式

（1）具体项目：高层次跨国界，量多质优

开创以中国（上海）国际技术进出口交易会（上交会）、F1中国大奖赛、上海国际赛车场"蒸蒸日上四环跑"、上海环球马术冠军赛、上海X-Mudder泥泞障碍赛等项目为代表的国际化志愿者服务品牌项目。如中国（上海）国际技术进出口交易会，每年参与的师生志愿者人数均在100人左右，志愿者在活动中承担翻译、接待助理、宣传等工作，为前来参会的参展商和举办方提供帮助，助力上交会活动高效运行。学院还组织学生参加国际志愿者和义工活动，如赴斯里兰卡助学、非洲的保护海龟计划和米兰世博会志愿者等。

（2）操作流程：重实效应需求，保障有序

这些国际化重大志愿者项目，由于每年活动的主题、规模等不同，开展形式也是丰富多彩的，但是经过多年的积累和凝练，目前已经形成了一个主线条，即：项目发布——双方主体洽谈——确定岗位、要求、人数、安保等事宜——签订项目服务合同或协议——选拔带队教师——招募志愿者——主办方组织培训——带队教师组织志愿者参加服务项目——总结、宣传，增强国际化氛围。

（3）项目效能：提能力树形象，融贯中西

第一，国际化重大志愿服务项目以其高平台大规模的优势和国际化时代内涵，受到大学生的崇尚，并成为新时期加强大学生思想道德建设的重要载体。

第二,通过海报、微信微博、公众号等现代化宣传方式招募志愿者,积极通过座谈调研、图片展、动员出征大会等方式宣扬志愿者活动的相关事迹,为营造国际化校园文化氛围添砖加瓦,增强志愿者精神的国际化地位。

第三,通过参加国际化大型志愿服务项目,强化师生的英语交流能力,进一步提高个人的综合发展能力和国际化形象。

3. 常规基础性志愿服务模式

(1)具体项目:帮困助弱,守常规夯基础

组织学生参与以嘉定区社区助老项目、嘉定区沈启华工作室项目、黄浦区豫园街道"阳光之家"助残项目、校车维护项目、老年大学项目等为代表的常规基础性志愿服务项目。通过固定频次的志愿服务,培养了大批具有志愿服务精神的优秀学生,学院两次获得上海市"智力助残"优秀组织单位,负责老师获得上海市"智力助残"优秀指导教师,近百余人次的学生荣获"优秀志愿者"称号。在老年大学志愿服务活动中,通过开设针对老年人的课程,如老年大学嘉定校区的英语班、智能手机班等,帮助老人掌握知识和技能,跟上时代步伐。同时也使学生在志愿服务中学会敬老、爱老,提升其道德品质。

(2)操作流程:服务共建,定期定岗定人

常规的基础性志愿服务项目根据项目的类型和项目主体的不同,开展形式不一,但都有一个共同的特点:定期、定岗、定人。即,与服务主体方洽谈——确定服务主体、服务时间以及服务要求等事宜——双方签订共建协议——选拔指导教师和志愿者——共建双方共同组织志愿者培训——师生定期提供志愿服务——总结、宣传,扩大影响力。

(3)项目效能:创建品牌,辐射校园文化

第一,在志愿者品牌建设中通过"阳光之家"、敬老服务、校车维护等品牌项目的开展,增强了志愿服务的社会效应。

第二,常规的基础性志愿服务项目不仅赢得了口碑,更在社会上树立了志愿者活动的典范,为社会公益事业作出了重要贡献。

第三,通过这些项目的开展,强化了学生的公益意识,进一步增强了学生的社会责任感、激发了志愿服务热情。

(二)三种机制,提升志愿服务工作效能

强化"三项机制",提升学院学生志愿服务工作效能,注重加强制度化、专业化、常态化建设。着力在"促协调、搭平台、抓亮点、勤督促"这12个字上下功夫：通过促协调,多方联动、形成合力；通过搭建平台,整合资源、扩大影响；通过抓亮点,树立典型、推广提升；通过勤督促,优化过程、强化落实。

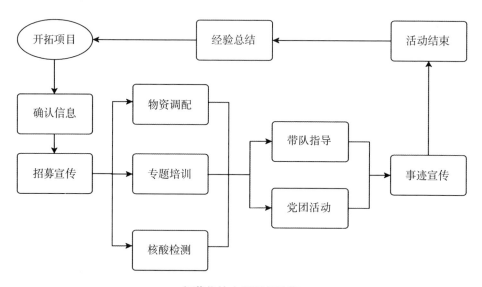

规范化的志愿服务流程

第一是制度化推进,用"硬约束"为志愿服务护航。明确志愿者准入标准,细化志愿服务流程,优化志愿者人身安全保障,形成一套稳定有序、动态优化的"闭环式"制度体系。从项目的开拓到志愿者信息的确认、招募宣传的发布、专题的培训、物资的调配以及活动过程的事迹宣传和项目结束的总结等,形成了一套线条清晰、内容细化规范化志愿服务流程。

第二是专业化引领,用"软引导"为志愿服务促普及。通过打造志愿服务社会大课堂,以"生问师答"的方式为学生释疑解惑,加强教师的思想引领和志愿服务的经验传授；通过开展学生互学互助,以"传经验、助成长"的方式,传承"传帮带"优良传统,加强志愿服务中的朋辈支持；通过校友"面对面"的方式,帮助学生打造职业规划,做到学思践悟,加强校友的专业指导。以志愿服务精神培训的横向贯通和志愿服务实践的纵向衔接,强化志愿服务的专业化引领,形成"知行合一"的志愿服务育人模式。

第三是常态化保障,用"内外监督"为志愿服务提升效能。持续开展内部育人建设,加强对志愿者思想的引领、生活的关心和能力的提升。定期开展工

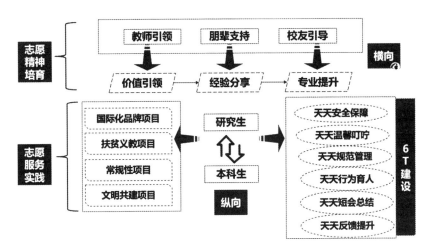

"知行合一"的志愿服务育人模式

作效能反馈,反思志愿服务工作中存在的问题和不足,积极寻求解决办法,在内部监督中不断提升管理手段,强化社会公众监督及负责志愿服务部门的巡查督查实效,在外部监督中不断提升工作水平;大力选树志愿服务工作先进典型,创新宣传方式,打造志愿文化墙,同时灵活运用网络媒体和智能技术,宣传志愿服务过程中涌现出的先进典型,从而加强志愿服务精神的培育和志愿服务实践的保障。

三、达成目标与成效

(一)量多质优,创新纪录

扎根于独具特色的文化土壤,志愿服务项目平台由院级、校级向市级发展,取得了优异的成绩,锻炼学生服务社会能力的同时也积淀了志愿文化精神。据统计,2013年至2021年,学院每年学生志愿服务活动达1 000—1 200人次,参与学生比例约70%,志愿服务时长达11 000—15 000小时,每年人均志愿服务时长为6—8小时。

2012—2021年,学院累计9年获评上海大学十佳志愿者团队,同时获得上海市黄浦区豫园街道"阳光之家"优秀集体、上海市闸北区(现静安区)北站街道优秀集体、上海市闸北区(现静安区)北站"爱心学校"优秀团队、上海市肢残人协会优秀集体、上海大学五四特色团委志愿服务类表彰以及沈启华工作室"爱心团队"等荣誉,志愿服务项目在量和质上都保持着良好的发展态势。

(二)成长个人服务社会,多方互惠共赢

学院有规模有特色的志愿服务活动,营造了浓厚的志愿文化。志愿者文化包含的群体价值观念、志愿者精神、行为方式等能够激发志愿者的认同感及作为志愿者的自豪感、归属感、使命感。无论对于志愿者主体、志愿受体乃至整个社会都会形成一种向心力和内聚力,把社会力量聚集起来,为社会服务,为国家服务,促进大学生成长与成才,同时也形成多方互惠共赢、共同发展的良好效益。

高校辅导员网络沟通"时适工作法"

学生工作办公室(武装部) 刘 畅

新时代背景下,高校思想政治教育工作要精准把握学生的个性需求和价值诉求,创新思政工作理念,因势利导、顺势而为、借势而进。辅导员网络沟通"时适工作法"是在网络思政育人实际工作经验基础上,总结凝练而形成的辅导员网络沟通的特色工作方法,以期提升高校网络思想政治教育效果,提高高校思想政治教育的实效性和针对性。

一、工作背景与问题

当前,随着现代信息技术的迅猛发展,移动互联网改变了大学生的价值观念、语言习惯、生活方式和思维表达。网络成为现代社会人们日常沟通交流的重要交往载体和空间场域。思想政治教育是做人的工作,是一个沟通过程,是一定的主体通过广泛深入的思想沟通加深相互理解乃至达成一定思想共识的过程。沟通是人与人之间信息交流、情感互动的一种方式。思想政治教育沟通过程"顺不顺",沟通效果"好不好"决定了思想政治教育质量"高不高"。

高校辅导员与学生的良性沟通互动是高校思想政治教育有效实践的基础。大学生群体是网络"原住民",是伴随着中国互联网快速发展而成长的一代。学生在哪里,思想政治教育工作的重点就应该在哪里。

在信息爆炸时代,要教育好、管理好、服务好学生就必须对学生进行深度沟通教育,帮助学生分辨驳杂的信息,树立正确的世界观、人生观、价值观;帮助学生学会如何筛选获取有效资源,实现自我教育和素质提升;帮助学生真正实现心灵的发展和灵魂的升华。这要求辅导员要善于沟通交流,善于挖掘学生潜能，激活主体意识，真正成为学生的知心朋友和人生导师。辅导员从政治身份、内容职责、工作方式等方面都要求具备较强地网络沟通能力，掌握网络沟通技巧，善用各类沟通载体和平台，用主流价值观念影响人、感染人、说服人，讲好中国故事，传播中国声音。辅导员还应充分依托网络载体，围绕学生、服务学生、关照学生，提升思想政治教育的有效性和实效性。

二、具体方法与实践

（一）主要原则

辅导员依托网络沟通，发布、传递信息，加强对学生的理想信念教育，增强学生辨别是非的能力，成为高校思想政治教育的重要载体路径。辅导员在实施网络沟通过程中要遵循一定的原则，才能做到精准有效、事半功倍。

1. 思想引导，价值引领

辅导员在网络沟通中要明确角色定位，要把思想价值引导始终作为网络沟通的重要前提和首要原则。辅导员自身要坚定政治站位，增强理论深度，理论知识要真学、真信、真懂，才能学以致用。网络沟通中切忌将思想"填鸭式"灌输，将理论"生搬硬套"堆砌，要结合学生的思想困惑、价值迷茫、心理焦虑等实际问题有针对性地开展沟通疏导。

2. 平等尊重，真情互动

在网络空间场域中，辅导员和学生应在互相尊重平等的基础上开展对话，形成平等、和谐、合作的沟通关系。辅导员若是高高在上、居高临下，那他与学生是无法达成有效沟通的，更无法实现师生间的思想共鸣、价值共振、心灵共情。辅导员与学生作为沟通主体共同积极参与网络沟通，辅导员的作用是启发、引导和指导，而学生则是认知、体验和践行，两者形成相互教育与自我教育并行的关系，双向互动影响，共同携手并进。辅导员只有用心用情才能真正走进学生内心、了解学生需求，从而有的放矢地开展针对性地网络沟通。

3. 及时有效，把握细节

网络沟通可以克服时间和空间的局限，随时随地进行，具有便捷、即时的特点。辅导员事务性工作较多，大学生课业压力大，在无法面对面沟通的情况下，通过网络开展即时有效的"键对键"沟通，也可实现沟通目标。辅导员可以充分利用网络技术,结合文字、图像、视频等多种形式进行沟通,增强网络沟通的生动性和吸引力。网络沟通中还要注意把握细节,如注意保护个人信息和隐私、恰当利用网络话语、用心设计沟通议题等。

(二)具体方法

思想政治教育沟通过程中,辅导员要科学运用沟通技巧与方法,充分展示辅导员的理论水平、业务能力,得到学生的真心佩服与爱戴,使得思想政治教育沟通更加有效。以网络信息时代为背景,结合辅导员工作中的网络沟通经验,总结凝练,构建以"时"和"适"为目标指向和内容设计的辅导员特色工作法以有效促进辅导员和学生的网络沟通。辅导员网络沟通"时适工作法"主要体现在横向时间开展的"时"和纵向效度延展的"适"两个维度,横纵交叉、立体把握。

1. 强化精准设计,推进把握时效

"时"体现网络沟通的时间把握要切合时宜、及时有效,更要与时俱进,主要表现在日常面上沟通定时、精准个体沟通及时和重要节点沟通乘时等三个方面。

(1)日常面上沟通定时

开展日常教育沟通要根据预期需求规划设计主题,定期定时发布议程设置,分层分类分学段特点开展日常的沟通工作,形成定时沟通的时间表和日历。如学生开学报到前,上海大学通过迎新网系统平台及时发布重要通知,学生按时完成信息填报,提前了解学校迎新安排等内容。学校以学院、专业等为单位建立迎新学生群,主要依托微信群、QQ群构筑辅导员、导生与新生的联络关系网络,建立稳定有效的沟通渠道,针对学生普遍存在的疑惑,集中公告解答,体现正式性、权威性;对个别问题,可根据具体情况交流解答。大学学习生活中,在选课、考试、推优、就业、考研等阶段性事务上,要定时为学生开展思想引导、学业辅导、生涯指导等给予重要提示,要有问题导向和前置意识。

(2)精准个体沟通及时

辅导员与学生的网络沟通中个体交流是较为普遍的,主要有学生主动交流咨询的"来"和辅导员主动定向交流的"找"。一方面,辅导员对学生表达的合理诉求,要最快时间释疑解惑、最大限度达到学生满意,做到精准施策、精准思政,从而建立师生互信机制和情感纽带,为更有效的思想政治教育打下坚实基础。另一方面,辅导员主动联系学生网络沟通,要注重"软硬兼施",既要有展现亲和力的一面,又要有政治性和原则性。沟通话语中要有人情味、师生情,要接地气,但原则问题要标准统一、有章可循、有理有据。如个别学生在班级群或微信朋友圈发布未经证实的信息,辅导员应及时开展个体沟通,从正反面宣传教育,引导学生理性认识网络的优点和弊端,遵守网络行为道德,了解法律法规,不造谣、不信谣、不传谣,避免成为网络上不良信息和谣言的传播者和助推者。

(3)重要节点沟通乘时

要以重要事件、重要节庆、重要选择期等关键节点为契机开展网络沟通。习近平总书记指出,党的新闻舆论工作要从时度效着力、体现时度效要求。网络沟通也应乘时而进,把握时机。例如近年来,选择报考研究生的学生日益增多,竞争非常激烈,成绩公布是非常重要的时间节点,辅导员要充分利用事件的时效性及时开展网络沟通,对成绩较好的学生要给予肯定和赞许,鼓励学生加强复试准备;对成绩不理想的学生要进行安慰和疏导,沟通个人规划,及时给予生涯指导,提供择业信息渠道并重点关注学生的心理变化和情绪波动。

2. 注重方式内容,效果把握适度

"适"体现网络沟通的适合时宜、适逢其会、适可而止,主要表现在沟通方式更新适应、沟通内容恰当适宜和沟通频率优化适量等三个方面。

(1)沟通方式更新适应

随着信息技术的发展进步,辅导员与学生的网络沟通方式也在日渐更新。从短信到微信,从博客、论坛到知乎、贴吧,从口头文字叙事到图像视频叙事,网络沟通媒介更新迭代,形成网络传播的融媒体矩阵,多维立体的沟通媒介,使得辅导员的网络沟通拥有更丰富的渠道、更多元的载体、更具吸引力的内容。辅导员要了解学生喜欢什么、热爱什么,主动更新适应,跟上沟通"节奏"。以网络表情符号为例,其发展演变过程是网络媒介发展的映照,印证了人们对网络技术从初步了解到熟练应用,再到文化生产再造的时代发展进程。网络表情符号是信息传播工具,也是大众娱乐和网络参与的工具。辅导员的网络沟通方式若固守成规、原地踏步,易形成错频错位现象。只有主动适应变化,汲取新事物、新方式、新文化,深入了解学生所思所想所爱,才能跟上学生的步伐,知己知彼,有的放矢。

（2）沟通内容恰当适宜

网络沟通中要注重沟通内容的恰当合适。一是内容的真实性。辅导员与学生的网络沟通中要保证内容的真实可靠、公正全面。从自身做起，不信谣不传谣，对于待确定或未证实的信息不以"小道消息"形式释放信号，不做话语暗示。二是内容的价值性。只有沟通内容具有价值性，才能被学生积极接受。要满足学生个体适应社会需要的价值性。走上社会之前必须了解并培养参与社会生活的政策法规、政治道德规范、独立判断能力等自我教育、自我管理、自我成长的能力。要满足学生精神享受需要和个体发展需要的价值性。三是内容的时效性。沟通内容要符合时代的要求和不同学段学生的诉求。辅导员要随时关注国内外各领域的重大事件，尤其是学生关注较多、争议较大、影响较广的热点焦点问题，要"趁热打铁"加强梳理和引导。不同学段学生的需求存在差别，要围绕学生需求传递内容。如专业分流时期，学生在面临专业选择前对专业认知、就业前景、师资力量等各方面的需求强烈，辅导员要坚持问题导向，及时全面掌握提供有效信息资源，搭建专业认知平台。

（3）沟通频率优化适量

辅导员网络沟通要注重沟通力度、深度和效度。实验心理学表明，受传者面对的信息越多、越复杂，所要感知、消化的时间就越长，也就越容易引起厌烦；相反，面对的信息太少、太单调，又不能引起受教育者对问题的了解和认识。因此，辅导员在网络沟通中要注意内容的清晰度、生动性和频次的适量性，提高思想政治教育的有效性。网络沟通中人们常常以"重要的事情说三遍"来表达重要性，通过视觉刺激和心理暗示，起到强调的作用。但是如果重复超出限度，易引起防御性的反抗。每一次网络沟通行为，沟通主体都存在时间、精力的成本投入，要站在学生的角度思考沟通行为的必要性和有效性，要条理清晰、内容简洁、语言精练、设计巧妙。尽量避免因一件事情高频率、高重复沟通，否则容易引起学生对沟通信息的无视和对师生网络沟通行为的反感，沟通效果适得其反。

三、达成目标与成效

网络沟通是辅导员开展网络思想政治教育的基本形式。作为面对面谈心谈话的有力补充，提高了高校思想政治教育的师生黏度、工作效度和育人温度。

辅导员网络沟通"时适工作法"实现了师生多维场域互动,架起了信息传播、教育叙事、价值诉求、情感共鸣的有效链接,增强了师生关系的黏度;从时机、形式和内容等方面精准投放信息,有效开展价值疏导和价值引领,提升了思政工作的效度;强化了辅导员网络空间微观叙事能力,主动关切,积极回应,以理服人,以情动人,起到暖人心、聚人心、强信心,筑同心的作用,提高了育人过程的温度。

辅导员网络沟通"时适工作法"是网络思政工作实践的经验凝练,提升了高校思想政治教育的有效性,能够有效提高高校思想政治工作的质量。

新时代辅导员网络思政"五微"建设工作法

悉尼工商学院　尹春艳

习近平总书记在全国高校思想政治工作会议上指出,要运用新媒体新技术使工作活起来,推动思想政治工作传统优势同信息技术高度融合,增强时代感和吸引力;做好高校思想政治工作,要因事而化、因时而进、因势而新。在工作实践中,上海大学悉尼工商学院尝试将传统教育与网络教育相结合,突破传统教育的时空界限,思考"互联网+教育"的形式,利用互联网的便捷性、有效性、及时性和互动性的特点,探索实践网络思政新途径,提出新时代辅导员网络思政"五微"建设工作法。

一、工作背景与问题

如今,网络媒体成为社会发展的新浪潮,人们正在步入一个信息传播迅捷、资源开放共享的"微"时代。"微"时代下,网络思政在高校学生思想政治工作中显得格外重要。如何运用新媒体,以学生喜闻乐见的方式传递思想、传播正能量,引导学生健康成长成才,成为高校学生思想政治教育工作的重点。

（一）网络思政是落实辅导员职业能力的标准要求

2017年教育部发布《高校思想政治工作质量提升工程实施纲要》(以下简称《实施纲要》),《实施纲要》详细规划了课程、科研、实践、文化、网络、心理、管理、服务、资助、组织等"十大"育人体系的实施内容、载体、路径和方法,强调要创新推动网络育人,大力推进网络教育,加强校园网络文化建设与管理,拓展网络平台,丰富网络内容。

(二) 网络思政是新时代思想政治工作的新挑战

辅导员要在育人的岗位上始终坚持社会主义办学方向,落实立德树人的根本任务,要明确新时代学生思想政治工作面临的新挑战,准确把握新时代学生思想政治工作的新特点,运用好新媒体新技术使学生工作活起来,主动占领网络思政新阵地,用心去接触、去温暖学生的心灵。

二、具体方法与实践

自2016年以来,学院带领学生创建年级微信公众号,作为网络工作阵地。尝试将传统教育与网络教育相结合,突破传统教育的时空界限,思考"互联网+教育"的新形式,把握网络教育的话语权,采取线上线下相结合的教育形式,充分利用碎片化时间,从学生问题需要出发,解决学生实际困难,打破教育的时空界限,在大学生网络思政教育的道路上,坚持摸索,积极实践,提出新时代辅导员网络思政"五微"建设工作法。

(一) 准确定位,精准服务学生需求

年级微信公众号将围绕年级中心工作,服务年级学生阶段需要,促进班团融合发展,推进年级党支部发挥战斗堡垒作用,使入党积极分子、预备党员、党员有更广阔的工作锻炼平台和成长空间。

微信公众号运营团队由各年级优秀学生组成,针对学生阶段性发展需要,以"微作品"的传播形式,引导学生努力学习,树立优秀学生楷模,传播好思想,传递正能量,用学生喜欢的方式来教育学生、培养学生、影响学生和引导学生。

(二) 与时俱进,开拓网络育人有效路径

新时代辅导员网络思政"五微"建设工作法是运用"互联网+教育"的功能,通过网络平台,设计建设方案,细化学生教育内容,围绕学生需求,选取微课、微声、微梦、微行、微时事五个板块所开展的网络工作实践凝练。

"五微"系列板块涉及学生学习、生活、职业规划等相关的原创"微作品",通过微课,促进学习,建设网络教育学习资源;通过微声,以声聚力,传递思想凝聚力量;通过微梦,点燃梦想,树立榜样,引导学生主动思考个人规划;通过微行,实现"知行合一",激发学生责任感与担当;通过微时事,引导学生自主学习,创新学习。

把服务学生、教育学生与新媒体形式相结合,充分利用互联网便捷性、及时性的特点,实现教育的有效性和时效性、针对性和广泛性。

1. 微课:促进学习,整合网络教育学习资源

微课板块主要是视频的形式,包含由专业教师参与录制的课程微讲解和由优秀学生分享的课程学习要点。该板块内容与学生专业学习高度相关,对学生的学习有很大帮助。课程内容不仅包括专业课程知识讲解,还包括学生职业发展相关的专业类职业资格证书、英语证书等考证学习的经验分享。

由于微课形式能很好地发挥了网络的便捷性、及时性优势,打破时空界限,使学生可以随时随地利用碎片化时间进行有效学习,促进了学习积极性,形成了勤学乐学的优良学风。

2. 微声:以声聚力,传递思想教育正能量

微声板块以音频为主要形式,推出了"一封家书朗读者"活动,朗读作品包括红色家书、经典文选或学生原创作品等。学生通过诵读红色家书,朗读与家乡相关的作品,感悟家国情怀,明确责任担当。通过声音来传递思想,凝聚力量。采用朗读的形式,用优秀的作品教育学生、激励学生和感染学生。以学生喜爱的方式传递思想教育正能量,将思想教育真正落在学生的心坎上。

3. 微梦:点燃梦想,发挥优秀朋辈辐射效应

微梦板块主要是优秀学长学姐说,该板块以采访稿的形式呈现。通过采访在某一领域表现突出的学长学姐,分享他们优秀的奋斗事迹和成长经验,激励学生勇敢追逐心中梦想。这些优秀朋辈,与学生学习生活在一起,是学生身边最鲜活、最真实的学习榜样,因而深受学生的崇拜。

4. 微行:飞扬青春,展示团结奋进展风貌

微行板块主要是风采人物的介绍,旨在挖掘和宣传学生在专业学习、学科竞赛、志愿活动和海外交流学习等各方面表现突出的优秀典型。以这些学生的事迹为宣传主题,通过对优秀学生风采人物的介绍,激励学生珍惜大学点滴

时光,勇敢追梦、共同进步,推动整个年级形成积极向善、积极向上、锲而不舍、不断挑战自我的良好学风。

5. 微时事:强化思想,创新学习稳方向

微时事板块主要传播党的最新动态,以时事政治学习为主,"家事国事天下事,事事关心"。让学生通过时政要闻的学习,关注和了解党的最新动态,领会党的会议精神,提高学生思想觉悟和政治站位。引导学生在学好专业知识的同时,用先进的理论武装头脑,树立正确的人生观、世界观和价值观,身体力行学习和弘扬中国传统文化,践行社会主义核心价值观,努力学习,强健体魄,做中国特色社会主义事业的建设者和接班人。

例如:2021年五四青年节之际,微时事板块推出《一学一做——团员的名义》推文;党的十九大召开之际,微时事板块推出《祖国我对您说》音频作品;庆祝中国共产党成立100周年之际,微时事板块组织学生线下自编自导自演短剧《今天是您的生日》。通过灵活多样的学习形式,让学生在自主学习创作中,加深对党的学习感悟,培育对祖国的热爱之情,达到浸润式的教育效果。

(三)创新管理,形成三级学生管理模式

运用网络平台做好大学生的思想政治教育工作,需要改变传统班级管理模式,成立线下学生三级网络管理模式,培养一支素质优良的核心工作团队。公众号核心工作团队与辅导员、班级班委组成三级学生网络管理模式。公众号的运行实行项目制,按照内容的建设周期,具体分工,明确责任。同时,坚持例会制,定期开展头脑风暴,规范运行。学生团队根据年级中心工作积极思考,提前谋划,明确工作清单,确保各板块工作落地落实。

三、达成目标与成效

围绕微信公众号的建设,年级中心工作主线更加明晰,各基层班级以年级工作为重心,各司其职,相互协作,突出优势,相互学习,实现各基层班级共同成长的目标。年级工作实行项目制,充分调动各年级党支部、各班团及广大学生参与年级建设的积极性,线下主题活动与线上主题建设相结合,强化虚拟网络班级的凝聚力量,对学生的发展起到方向引领作用,取得了可喜成绩。

（一）达成目标

1. 抓实班级基层"细胞"，创新管理模式显成效

各基层班级以年级中心工作为建设目标，采用项目制的运行方式，更能吸纳和带领各具特长的学生参与年级建设工作。年级工作团队中有班长、团支书等学生干部，有成绩优秀的奖学金获得者，有追求进步的入党积极分子，有电脑技术过硬的普通学生，他们为班级无私贡献，有较好的群众基础，有一定的个人影响力，极具个人魅力和话语权，能够对周围学生起到引领作用，在学风建设和班级管理中发挥着重要作用。

2. 围绕学生需求导向，教育管理服务一体化

"五微"系列板块的内容以学生需求调研为基础，以满足学生成长需求为最终落脚点，将学生教育、管理与服务有效统一，潜移默化地融入学生工作，把学生思想教育工作与学生问题需求相结合，使学生管理与服务更接地气，把思想教育落在学生心坎上。

3. 运用"互联网+教育"，形成可视化教育成果

新时代辅导员网络思政"五微"建设工作法通过音频、视频、采访稿、事迹介绍等灵活多样的网络形式，充分发挥"互联网+教育"的功能，打破传统的说教形式，为学生带来清新、活泼、生动、灵活、多样的视觉和听觉效果，热心为学生服务，真心与学生对话，耐心为学生解答，倾心与学生共同成长，实现年级学生管理的形散而神聚。

（二）建设成效

以"五微"建设为总体目标，微信公众号由年级优秀学生组成工作团队，结合学生实际需要，解决学生难点问题，以新媒体为平台，以学生乐于接受的方式展开，以新颖的网络板块构思，让网络教育的传播更加贴近学生，把对学生的思想教育融入对学生的教育和服务中。自2017年2月27日微信公众号运营以来，已累计发布"微作品"60多篇，单篇"微作品"的最高阅读量达930次/800人。

在工作实践中，该工作法的成效显著，无论是在校级层面还是在市级层面，都取得了可喜成绩。公众号工作团队共获得上海大学先进集体2个、上海大学五四红旗团支部2个、上海大学卓越班级2个、上海大学卓越班长3个（含

1个提名)、上海大学活力团支部5个,所在党支部先后获得上海大学本科生样板支部提名、本科生"一支部一项目"十佳品牌项目、上海市五四红旗团支部等荣誉。党的十九大之际推出的《祖国我对您说》音频作品,在2019年上海市大学生网络文化节网络作品评选中荣获市级二等奖、国家级优秀奖;工作法所形成的网络教育工作案例也在2019年上海市高校网络教育优秀工作案例评选中荣获三等奖。

新时代辅导员网络思政"五微"建设工作法以微信公众号为主要建设平台,结合新时代学生思想政治工作的新特点,运用新媒体新技术将学生教育、管理、服务有效结合,创新学生工作模式,开拓网络教育有效路径,调动基层班团最小"细胞",发挥基层党支部的战斗堡垒作用,在新时代辅导员网络思政实践方面进行了有益尝试,为新时代高校辅导员开展网络思政工作提供了宝贵的实践经验。

辅导员"五位一体"育人工作法

经济学院 王 冲

高校辅导员队伍在落实立德树人根本任务、推动高等教育健康发展中责任重大、使命光荣。辅导员作为学生工作的一线工作者，从新生入学的适应教育到学生毕业时的离校教育，从学生培优到学业帮困，从团员发展到党员培养，从年级管理到事无巨细的事务性工作等，方方面面都承担着重要的育人功能，需要辅导员坚守自己的育人理念和独特的工作方式。在工作中坚持思政育人、管理育人、心理育人、协同育人、个性育人"五位一体"的工作理念，可以有效帮助辅导员提升育人的广度、深度和效度。

一、工作背景与问题

（一）思政育人

高校辅导员的思政育人工作必须将立德树人放在首位，育人育德。当前的"00"后大学生，成长于多元交互的新媒体时代，信息多元化，价值多元化，这些都给辅导员的思政育人工作带来了很大的挑战。高校辅导员需要认真研究分析当代大学生所面临的时代特点，借助新媒体的手段，思考实践思政育人的新模式、新途径。引导学生提高思想政治站位，积极践行社会主义核心价值观，成长为道德品质优良、专业知识扎实、实践能力突出的社会主义事业的建设者和接班人。

（二）管理育人

管理育人是学校依据法律法规规定和规章制度，围绕立德树人的根本任务，将德育渗透于学校各项管理工作的全过程，对学生进行政治、思想、道德、心理、法律等方面的教育活动的综合。

管理育人的功能主要有育人功能、引导功能、保障功能。高校辅导员是学生一线管理工作中的组织者和实施者,也是相关政策的执行者,承担着重要的管理职能。打造全方位、立体化的管理模式,可以有效地创造管理育人的良好氛围,提升育人成效。

（三）心理育人

心理育人是教育者从教育对象的身心实际出发,遵循人的心理成长规律和教育规律,通过多种方式实施心理健康教育,有目的、有计划地对教育对象进行积极心理引导、缓解其心理困惑、开发其心理潜能、提升其心理品质、促进其人格健全,以实现培育有理想、有能力、有担当的时代新人的教育活动。

大学生在压力情景下导致的各种情绪,往往表现为思想问题和心理问题交织。在辅导员的思想政治工作中融入心理工作的方法,在遵循现阶段学生心理发展规律及特点的基础上开展思想教育工作,思想工作的方法和心理工作的方法两者相辅相成,可以使思政工作更具柔性,能更好地入耳入心。

（四）协同育人

高校各部门之间虽分工不同,但在服务育人的大目标上是一致的,即培养有理想、有本领、有担当的时代新人。这就为辅导员协同育人的工作提供了现实基础,学校中的教职员工人人都应该是思想政治教育工作者。协同育人的内涵,是指在思想政治工作总体系统中,学校、社会、家庭各子系统围绕立德树人根本任务,充分发挥和有效整合各要素资源,使其相互配合、有序衔接,以构建协调一致、合力育人的思想政治工作格局。

（五）个性育人

在教育工作的实践中,整体教育思考的是"为谁培养人、培养什么人、怎样培养人"的问题,而个性教育则是关心每一个学生,结合学生的个体倾向性和心理特征,注重学生的个体潜能的开发和个性发展,帮助学生创造独特的价值。

二、具体方法与实践

(一)思政育人,立德树人

1.打造思政育人的第二课堂

高校学生在大学的学习生活重心有一定的阶段性,大一的适应教育、大二大三的专业教育、大四的毕业教育等,不同阶段学生在学习和生活方面的重心也呈现出各自的特点。高校辅导员在工作中,需要把握学生在不同阶段的特点和契机,将思政育人的工作渗透其中。通过精心设计教育形式,结合首日教育、班团活动、寒暑假社会实践、创新创业活动、特殊事件等,在传统的思政课程之外,发挥第二课程的思政育人阵地功能。

2.激发朋辈思政示范引领作用

在年级管理中,学生干部作为辅导员工作的助手和抓手,可以起到至关重要的作用。做好学生干部的理想信念教育,提高学生干部的思想政治素质、政策理论水平,打造一支政治坚定、素质过硬、积极向上的学生干部队伍,对于辅导员做好思政育人工作有极其重要的意义。

高校辅导员承担着学生入党申请动员、入党积极分子培养考察、党员发展等重要工作。部分辅导员还担任学生党支部的支部书记,在这个最基层的党建"细胞"上承担着重要的职责。辅导员要培养好学生党员,加强培养过程的连续性、教育内容的系统性,筑牢学生党员的理想信念,厚植爱国情怀,提升学生党员的辐射带动能力,将支部组织生活主题化、项目化、系列化,抓住党建工作的思想政治教育阵地功能。

(二)管理育人,以生为本

1.管理育人中秉持德育内涵

在学生管理工作中,将严格规范的管理制度和温暖柔性的管理方式结合起来,实现刚性制度的柔性落地。把理想信念教育、校风校纪教育等贯穿管理工作的全过程,在评奖评优、团员发展、入党积极分子培养考察、支部管理等工作中,以科学的管理制度为德育提供保障,把解决学生在学习、生活中遇到的实际问题与思想的引导结合起来。

2. 发挥日常生活的管理育人功能

每个人的异化都是直接从他和他的日常生活这两者之间的相互关系当中产生的。日常生活的育人要在一种讲道德的、积极向上的生活环境中才能发挥育人功能。大学生的日常生活涉及寝室、图书馆、课堂、食堂、运动场、校园内等环境,通过在这些环境中的互动,逐渐塑造学生的基本道德素养,形成其各自的道德品质。高校辅导员的管理育人工作可以体现在校园生活的时时和处处。特别在学生日常事务的管理和处理中,都可以将管理育人渗透其中。

3. 在管理育人中贯彻以生为本

尊重学生、爱护学生、理解学生,以学生为本,结合学生的特点、专业和年级重点,科学管理,合理设计,在管理中融入服务意识,将管理育人回归到促进人的全面发展的目标上来,同时,也让学生在与自身相关的事务中有知情权、发言权和一定的评议权,调动学生的积极性和创造性,促进学生实现自我管理、自我服务和自我约束,实现促进学生成长成才的教育目标。

(三) 心理育人,育心育德

1. 明确定位,提高思想认识

要做好育人工作,首先要明确育人的核心。高校辅导员要培养"担当民族复兴大任的时代新人"。这就明确了高校辅导员的育人目标和核心。辅导员的心理育人工作,需要为培养有理想、有本领、能担当的时代新人而努力。有这样的价值认识,就可以更好地认识到心理育人的重要性,自觉加入这支队伍中。

2. 主动学习,掌握心理育人的技能方法

学生在成长过程中道德素养的提高和思想观念的变化,都伴随着复杂的心理活动过程,高校辅导员需要研究大学生心理发展及其活动的规律,在尊重规律的基础上,运用积极关注、倾听、共情、心理辅导等心理学技巧,把思政工作由说服人转变为引导人,聚焦大学生学习生活的质量,提升学生的价值感和幸福感。

3. 贴合需求,重视心理育人的阶段性和系统性

在学生成长的不同阶段,心理育人的实施应该有不同的侧重点,如新生入学时,普及心理健康知识,同时做好心理问题的识别和筛查,做到早预防、早干预,提高新生的适应能力。中期,根据学生不同的心理发展需求,开展针对

性的团体心理辅导和一对一的个人心理访谈或咨询。同时,也要注重开发朋辈互助的心理育人资源。心理育人不是孤立存在的,它融合和渗透在学生校园学习和生活的方方面面,在课程中、实践中、网络上、服务中等,也在这些方面的工作中,高校辅导员需要把心理育人作为开展工作的基础,把对学生的尊重、理解、信任和人文关怀融入其中。在规章制度的设计和具体政策的实施中,要充分考虑学生的心理特点和需求,从根本上提升育人的质量。

（四）协同育人,同向同行

1. 与学校各职能部门的协同

高校辅导员处在学生工作的一线,在学生培养和学生事务管理中,会涉及学校的各职能部门。如在学生遇到学业上的困难和问题时,特别是家庭有特殊困难的学生,辅导员应与教务等相关职能部门及时沟通,协作处理相关问题,提高育人的实效。

2. 与专业课教师的协同

辅导员与专业课教师面向的主体都是学生,有主体的统一性和学生培养目标的一致性。专业课教师对学生的培养主要在第一课堂,传授专业知识。辅导员对学生的培养主要在于日常的学习和生活等第二课堂。

辅导员在育人工作中可以有意识地加强与专业课教师的联动,在课程思政的背景下,形成新的教育合力,积极搭建平台,建立联动的育人工作体系,使思政教育更有渗透性。

目前,上海大学的全程导师制也为两个育人主体的联动提供了制度上的保障和一定资源上的支持。在创新创业和社会实践教育方面,专业课教师应发挥专业优势,辅导员应发挥组织管理优势,共同推进大学生综合素质和能力的提升。

3. 与学生家庭的协同

大学生处在心理发展的关键时期,因为成长和教育环境的影响,有些同学在心理和人格上并未完全成熟和独立。有些问题的产生与家庭教育和环境有着密切的联系。在一些学习困难、心理存在问题的学生中,往往有与之对应的问题家长和问题家庭,学生和家长之间面临着有效沟通的困境。因此,在具体的工作中,辅导员做的可能是家庭系统的工作,这对辅导员来说又是一个较大的挑战。

（五）个性育人，因材施教

1. 了解学生，准确定位

在学生的校园生活中，辅导员适度地参与和介入，可以深入了解学生，掌握学生的个体思想，为运用因材施教的教育方式打下基础。同时，分层、分类明确不同学生群体的个性特点，也是个性育人的一个重要方面。积极了解不同群体学生的心理特点和发展规律，可以更好地成为大学生的思想引路者。

2. 建立多元的评价模式

当前的"00"后大学生，个性鲜明，思维活跃，呈现出较为突出的个性特点。在辅导员育人的过程中，需要认识和接受学生这种多元性的特点，组织搭建多样的展示平台，积极肯定学生的特长，在评价机制中融入多元的考评因素，鼓励和引导学生的多元发展，从而引导学生确立正确的人生目标和发展方向。

三、达成目标与成效

党的十八大以来，以习近平同志为核心的党中央高度重视高校思想政治工作，高校辅导员队伍建设工作持续向上向好，"五位一体"育人工作法正是在这样新时代的背景下提炼形成的，充分践行了"以学生为中心"的育人理念，从人才的社会需求和学生的个性成长出发，确定合适的育人目标，整合校内外资源和力量，着力加强学生的知识探究、能力提升、素质培养、人格养成，不断完善高校育人内涵架构，丰富教学内容，以达到全周期的育人成效。

（一）加强思想建设，夯实理想信念

本根不摇，则枝叶茂荣。新时代大学生的理想信念教育需要贯穿始终，作为战斗在学生工作第一线的辅导员，需要时刻提醒自己将"五位一体"育人理念融入工作实践，在处理学生事务、关怀学生心理、培养学生人格的具体落实中提高政治站位。大学生的培养问题，归根到底还是思想建设的问题。辅导员要紧紧抓住学生党员、入党积极分子这一主力群体，不断提高他们的马克思主义思想觉悟和理论水平，坚定理想信念，打扫思想灰尘，补足精神之"钙"，解决好世界观、人生观、价值观这个"总开关"问题。

（二）构建育人体系，实现育人目标

大学生思想政治教育主要围绕"为谁培养人、培养什么人、怎样培养人"这一根本问题，坚持把立德树人作为中心环节，把思想政治工作贯穿教育教学全过程，多措并举推进全员、全过程、全方位育人落地见效，构建和完善新时代高校全员育人、全程育人、全方位育人的"三全育人"工作格局。

"五位一体"育人工作的落脚点是人才的培养，在切实帮助学生解决实际困难的同时，在言传身教中助力学生成长，培养学生的责任意识和使命担当。依托内容丰富的主题教育形式，构建"学生—教师—学院—学校"四级联动机制，统筹网络思政工作，创新思想政治教育内容和形式，旗帜鲜明地弘扬时代主旋律，实现真正意义上的由点到面培育，核心素养培育，赋能学生终身发展。

文化育人"循序浸入式"工作法

社区学院 刘文敏

习近平总书记指出:"文化自信是一个国家、一个民族发展中更基本、更深沉、更持久的力量。"高校作为"坚定文化自信,推动社会主义文化繁荣兴盛"的主阵地,深入推进文化育人,探索中华优秀传统文化融入校园、融入生活、浸入心灵,提升大学生的优秀传统人文素养成为时代之需。紧抓新生价值观塑造关键期,结合新生阶段性发展特点,在优秀传统文化育人方面进行探索实践,形成辅导员文化育人"循序浸入式"工作法,有效提升辅导员文化育人工作。

一、工作背景与问题

《高校思想政治工作质量提升工程实施纲要》提出要深入推进文化育人。上海大学社区学院积极推进中华优秀传统文化教育,实施"中华经典诵读工程""中国传统节日振兴工程",开展"礼敬中华优秀传统文化""戏曲进校园"等文化建设活动,建设一批文化传承基地,引导高雅艺术、非物质文化以及民族民间优秀文化走进师生。以文化人、以文育人,推动中国特色社会主义文化繁荣兴盛,牢牢掌握高校意识形态工作领导权,践行和弘扬社会主义核心价值观。

大学生是民族的希望、祖国的未来,其人文素质的高低不仅决定着自身未来的发展,而且关系到国家和民族的前途命运。中国优秀传统文化是中华民族生生不息、团结奋进的不竭动力,是当代大学生人文素质教育中的重要内容。辅导员团队以学生活动课为载体,聚集多方资源,形成多渠道平台联动,深入推进传统文化学习、传播与创新,逐渐探索出"00"后大学生认同的优秀传统文化教育模式,实现学生课内学习与自主研习、经典赏析与自主创造、小众深耕与大众传播等多维度、立体化、浸入式学习体验,将优秀的传统文化元素带进新生的现实世界与精神世界。

二、具体方法与实践

(一)契合新生初入大学的校园文化参与兴奋期,打造领略传统艺术精品课,感知传统文化的审美意趣

新生刚入学阶段,对大学校园生活与文化活动保持较强的好奇心,参与校园文化活动的热情较高,辅导员整体排摸学生对传统文化的认知与兴趣度,深入研讨"传统艺术进课堂"的活动课举办形式和具体内容,以全面把握新生的基本特点。社区学院先后策划"优秀传统艺术进活动课"活动及梨园戏韵、共谱国乐情、说学逗唱、共舞霓裳、书法基础、篆刻艺术、中华射艺等七门传统艺术课程进驻新生活动课。

为了深入浅出地让新生了解传统艺术,授课方式结合了表演互动与理论讲解,注重课堂氛围营造和基本传统文化的普及。采取每一个模块30—40分钟的串班形式覆盖3 000多名新生。新生初步领略了传统艺术魅力。授课结束后,部分新生主动加入传统项目和社团继续学习。以传统艺术鉴赏作为突破口,让学生从视觉、听觉上感知传统文化的审美意趣。

(二)契合新生基本适应校园文化生活的平稳过渡期,分层、分类开展传统经典文化读书交流会,营造研读优秀传统文化的学习氛围

在秋季学期的基础上,冬季学期采取兴趣导向,分层、分类方式开展传统经典文化读书交流会。围绕中国历史、古代文学等为主题形成了10多个读书小组,共开展30多次的传统经典文化读书交流会。新生自主学习,撰写读书笔记,讨论交流,领会传统文化的精髓,对传统文化的精神内涵有了更深入的理解。以此为基础,提升学习传统文化的整体氛围,并发掘一批对传统文化有较浓兴趣和一定积淀的学生。

(三)契合新生团队干事创新热情的高涨期,打造室内外文化体验互动"文化之旅"品牌项目,沉浸式文化体验扎根校园生活园区

新生群体是校园各类学生团队中最具干事创新热情的群体,辅导员紧抓

新生团队干事创新热情高涨期,引导新生团队积极围绕优秀传统文化,打造彰显国家主旋律的"文化之旅"系列主题活动。学生团队通过查阅文化古迹、追寻文化遗迹、凝练文化线索、寻求教师指导,挖掘传统文化等方式,开展小组教学、互学,掌握部分传统技艺的基本内容、制造方法与工艺流程。已有100多名新生对传统文化的某一方面有所涉猎,形成传统文化传播的核心力量。

学生团队以此为基础,在高校生活园区举办探寻文化基因,坚定文化自信——"文化之旅"活动。"文化之旅"以多元素、高强度、大范围集中呈现与体验中华优秀传统文化之美,具体包括以下几个主题21:室内外文化长廊以"梦回桃源"为主题,以时间为中轴,回看中华文明上下五千年历史进程,桃源梦醒;室内外体验区包括翰墨飘香——书法诗词体验区、俊采星驰——科技体验区、华裾鹤氅——服饰体验区、游戏尘寰——益智游戏体验区、琳琅匠心手工艺体验区、金齑玉脍美食体验区、本草中华——本草体验区;"悠悠五千载,华韵在此中"主题晚会以先秦、秦汉、唐宋、元明清、民国、现代的时代变迁为主线开展中华传统文化表演。"文化之旅"共1 000多人参加,其中70多名留学生参与表演和活动,沉浸式文化体验获得一致好评。

(四)借助新生寒暑假社会实践高峰期,引导新生寻根溯源,挖掘地域优秀传统文化元素

辅导员借助学校与学院发布寒暑假社会实践的契机,鼓励学生自主申报社会实践的"文化寻根"模块,指导学生完成前期申报、中期实施和后期总结与答辩。

新生利用假期返乡之际,梳理家乡的历史渊源,调研家乡的民俗文化,重走古城墙等历史遗迹,发掘中华文化之美,一部分学生在河南、上海、湖北、安徽等地,寻访汴绣、汴京灯笼张、朱仙镇木版年画、绒绣、汉绣、打铜技艺、亳州剪纸等传统手工艺。

(五)依托辅导员文化创新工作室,成立新生"文创空间",激发学生从文化体验者转向文化传播者、文化生产者

文化创新工作室集结对文化传播、文化审美、文化育人等主题有一定的学科背景、实践积累或研究兴趣的学生,组成团队研究"00"后大学生对主流文化的认知特点,创新主流文化在校园的传播形式,探寻先进文化的现代传播形

式与青年表达方式,先后申报了教育部思创中心课题、校级课题近20项。

与此同时,文创工作室成立新生"文创空间",促进大学生从传统的文化体验者转向先进的文化传播者和文化生产者。新生文创团队还结合彰显优秀传统文化艺术的国潮文化,分析故宫博物院、敦煌博物馆文创热的基本元素,结合上海大学校园文化,打造国潮文创。文创主题涉及校园历史、风景、建筑、动植物、科技等,形成了近百幅文创设计稿及部分样品打样,先后被学校官方微信专文推送,并被"学习强国"转载。

三、达成目标与成效

（一）多渠道的平台联动,形成传统文化学习与传播的长效机制

辅导员联动学院、学校、校外多层次资源,依托多个平台,基本形成了传统文化学习与传播的长效机制。走出校园,与上海文广集团传统曲艺栏目、文化机构积极接洽、实地调研,与静安麒麟书苑合作,开展茶文化体验与讲座;在校内,联动音乐学院、文学院、国际教育学院共同参与相关活动;在学院层面,学工组、课外培养中心、院团委、积极深入协作,通过传统文化精品课程进第二课堂、传统文化读书会、讲座沙龙、主题团日、支部生活会、寒假社会实践等多种载体与形式,将传统文化元素融入社区文化与学生的生活中,学生对传统文化活动的学习与认同度越来越高。

（二）突出学生主体地位、注重文化活动体验性,增强了学生的获得感

在开展传统文化学习与传播活动中,突出学生的主体地位、注重文化活动的体验浸入感,是吸引学生自愿参与的关键。"文化之旅"品牌活动已举办四年,全程由新生负责组织、策划与实施,教师则作为指导老师负责把握思想引领、深化内涵建设。学生深知"90"后、"00"后的认知与行为特点,创新传统文化的传播形式,在强化传统文化的体验感上下足功夫。学生在活动策划中,认真学习中华传统文化相关知识,查阅文献并与专业教师交流,深挖传统文化元素。学生在撰写策划的过程中,对中华文化有了深刻理解和认知。在活动实施阶段,作为组织者的新生们前期要开展大量的传统文化技艺的观摩、自学与小组互学,领会传统技艺特点与审美情趣,以便做好现场的示范与体验。中外学生参与30多个文化区的学习体验,突破了传统传播形式较注重讲授与鉴

赏,深度体验不足的难点。广大学生在文化体验中有非常强的成就感与获得感,纷纷转发网络平台推送文化体验成果。

(三)增强学生的文化自信与民族自豪感,加大传统文化的国际传播力度

上海大学的传统文化社团种类丰富,在学生中有广泛的影响力,其中,弘扬传统剪纸艺术的"剪人生"社团在国家、省市级社团评选与创新大赛中屡获佳绩,书法社连续6年与日本大阪市立大学联合举办中日大学生艺术交流展,开展中日书法传统艺术交流与巡展。"文化之旅"品牌项目从活动主题立意的高度、活动内容的丰富度、协同合作的密切度以及学生的广泛参与度上都有所突破,通过传统文化学习体验,学生感知了中华文化的美,增强了学生的文化自信与民族自豪感,并积极将这种文化自信转化为文化自觉。新生与国际教育学院的留学生们积极联络,共同讲述中国故事、演绎中华艺术,加大了传统文化的国际传播力度。

在这一基础上,辅导员针对理工、人文、经管等不同学科学生的学习模式与思维特征,研究有针对性、更具实效性的人文素养培育模式,让传统文化育人获得更广泛的学生基础与亲和力,构建针对新生的传统文化育人培养方案,将思想政治教育目标润物细无声地融入传统文化教育中。

卓越创新　培育英才

卓越班团培育工作法

悉尼工商学院　颜丽娜

习近平总书记强调,团的工作要把握广大青年的脉搏。要提高团的吸引力和凝聚力,关键是要高举理想信念的旗帜。《普通高等学校辅导员队伍建设规定》明确辅导员的职责之一是:"开展学生骨干的遴选、培养、激励工作,……指导学生党支部和班团组织建设。"辅导员承担着做好团员青年思想引领,培育和打造卓越班团组织的责任。由广泛培训、重点培育、层层遴选、榜样传承等要素组成的卓越班团培育工作法是一种行之有效的班团建设方法。

一、工作背景与问题

(一) 班团一体化是团学改革的需要

高校共青团改革的背景下,"班团一体化"机制是提升高校基层团支部活力、实现青年引领的重要途径。"班团一体化"指将班级与团支部的工作目标、管理机制、工作职能等结合起来,实现班级团支部与班委会一体化运行,故班级和团支部(以下简称班团)是一体的,是高校学生集体的基本单位,是高校落实具体学生工作的载体,同广大团员青年有着最直接、最广泛的联系。

(二) 班团建设是实践育人的载体

辅导员需指导班团建设,使学生相互了解,充分交流,增进友谊,展示风采,进而增强集体归属感和凝聚力。班团骨干要在实际、具体的工作中与广大学生保持密切联系,才能增长才干、号召力和影响力,进而发挥骨干的作用。班团建设需要有目标以凝聚人心,需要有统一行动以让全体参与,需要有差异化的做法以彰显班团建设的特色。

（三）班团建设有益于大学生健康成长

班团在发挥思想政治教育、凝聚班级力量等方面发挥着重要作用。优秀的班团能够增强学生的集体观念、协作意识和团队精神，促进优良校风、学风建设。在建设卓越班团的过程中，积极向上的班团氛围，优良的班风和丰富的班团活动，不仅可以提升基层班团的活力，而且能够带动班团中的学生全面发展，健康成长。

二、具体方法与实践

基层班团建设既要规范化，又要有特色，即要结合年级和专业特点，努力创建和培育独具特色、青年喜爱，且具有长效性的团建品牌，用品牌项目凝聚团员青年，增强基层班团组织活力。通过广泛培训、重点指导、层层遴选、争创选树、榜样传承等方式不断推进，培育卓越班团。

（一）开展学习培训，培养学生骨干

新生入学后即成立年级团总支和班级团支部，选举产生班团委员。多数新任学生干部，带着热情和部分中学阶段的经验上任，对于岗位职责尚不清楚。为了培养班团建设的带头人，学院每年秋季学期举办学生骨干培训班。通过理论学习、红色教育、基础团务和能力提升系列课程，培养具有忠诚的政治品格、浓厚的家国情怀、扎实的理论功底和突出能力素质的班团骨干。

班团骨干培训的课程包含：理论学习课程引导班团骨干读原著、学原文、悟原理，加强"四史"学习教育，以读书笔记或沙龙的形式进行成果展示。红色教育课程寻访"红色路线"，开展实地参观学习，增强对革命传统及党和国家发展历史的理解，实现爱党爱国精神的升华。班团建设理论与实务课程组织班团骨干学习掌握团的历史、使命、工作要求和组织架构，开展团务知识竞答。邀请高年级优秀学生干部为新生班团骨干分享经验，发挥"传帮带"作用。能力提升课程开设领导力、素质拓展和宣传实操等课程，并定期组织开展学习心得分享会，提升班团骨干的组织、宣传、交流沟通能力。

班团骨干培训能够增强新生班团干部理论素养和实践能力，培育班团骨干队伍,为卓越班团建设打好组织基础。

（二）全覆盖式培育,指导班团建设

卓越班团建设重在实践。辅导员组织所有大一班团参与主题团日和卓越班级创建,指导新生班团制定建设规划,并策划开展创建活动,争创"一团一品"团支部。

卓越班团建设内容包括班团取名,LOGO、口号、吉祥物等的设计,建立班团的宣传平台,如微信公众号、抖音、易班等,在此基础上带领班团开展主题团日活动和卓越班团创建。班团内除了成立班级和团支部班子外,还可以根据需要设立工作小组和团小组,以"三会两制一课"为载体,带领团员们开展理论学习及亲身实践,由浅入深、学以致用。班团注重学风、班风建设,形成思想正、学风浓、氛围佳的班风。班团紧密围绕团员青年需求和大学生活的实际问题,不断了解团员们的思想动态、学习生活情况以及成长中遇到的问题,力所能及地帮助他们解决实际困难。

主题团日活动是班团开展工作的有效载体,对于团结支部成员、扩大支部影响力、加强支部与社会联系、提升成员整体素质具有重要意义。各班团根据"不忘初心跟党走"、学习习近平总书记系列重要讲话精神、"请党放心,强国有我"、"学习党史颂党恩"、学习工匠精神、学习载人航天精神等主题,结合班团实际情况,策划丰富多彩的主题团日活动。主题团日活动的开展需调动学生的积极性,确保参与率。主题团日活动的内容应积极向上,除了学习交流会外,还可以结合大学生喜闻乐见的形式开展,如参观红色历史遗址、听红色故事、"四史"竞赛、辩论赛、文艺演出等。主题团日活动要与专业相结合,注重发挥青年团员的优势和特长。

每学期,辅导员组织班团建设座谈会,了解基层班团建设情况,为班团建设出谋划策;每学期举办主题团日答辩会,为主题团日指导把关。同时,辅导员还应协助班团制定集体激励制度,对各班团建设给予必要的资金支持。

（三）评选优秀班团,继续重点培育

在前期全覆盖式培育的基础上,经过一年左右的建设,学校学院可开展卓越班团评选与展示活动,选拔激励优秀班团并指导其进一步凝练班团特色。

学院已连续四年开展卓越班团评选展示活动,对优秀班团进行鼓励与表彰,发挥榜样带动作用,增强班团的吸引力与凝聚力,服务广大学子成长。卓越班团评选展示活动分为初赛和决赛两个部分,初赛包括网络投票、班团平均成绩、青年大学习参学率与班团路演风采初展示四个部分;决赛包括班团建设展示答辩与班团节目展演两个环节。班团建设展示答辩环节中各班团阐释争创卓越班团的思路、理念、做法,开展的工作成果以及取得的成效。班团节目展演环节各班团通过合唱、舞蹈、朗诵、舞台剧、小品等精彩节目展现青年大学生的精神风貌以及班团的活力,展演鼓励全班团共同参与。在不宜组织大规模室内活动的时间段,可通过各班团制作并提交视频的形式开展,视频内容包括卓越班团争创总结和班团特色作品展示。校卓越班级评选通过各班团制定卓越班级建设计划,评选学风优秀示范班,最后评选校级十佳卓越班级。学校和学院的卓越班团评选总结了过去一年各基层班团的工作,为各班团提供了交流学习的契机,也营造了一个积极向上、追求卓越的良好氛围。

经过一系列的评比产生了学院一级的优秀班团,推荐这些优秀的班团参加学校的"活力团支部"评选、卓越班级评选等。赛后,辅导员继续对获评的班团进行指导和培育,给予班团建设支持和激励,为校级以上层面的争创和评选做好准备。

(四)参与争创选树,传承建设经验

为了进一步加强团的基层组织建设,不断提升团组织服务青年、服务大局的能力,提升班团影响力,推选优秀班团参与"五四红旗"基层团组织创建、"典型选树"活动及全国"活力团支部"评选,在省市级和国家级评优中展现风采。通过这些评选,进一步强化团支部的特色与品牌,激发团支部的活力,提升团员青年的责任感与使命感。具体开展可结合学院的实际情况、专业特色,强化需求导向和问题意识,从学生需求出发,将建设工作与学生喜闻乐见、参与广泛的媒介相结合。通过思想引领、文化创新、专业学习、实践志愿,挖掘团支部成员的需求点,通过不断迭代和守正创新,进一步完善团支部建设机制,通过开展团支部特色工作更好地满足团员需求。

在"五四红旗"争创、"典型选树"活动及全国"活力团支部"评选中获奖的优秀团支部,成为各班团中的优秀代表,获得荣誉的同时,也承担着示范引领的责任,将建设经验传承下去,带动低年级班团从规范走向优秀。

三、达成目标与成效

卓越班团培育工作法,形成了可复制、可推广的卓越班团培育模式,为基层班团组织建设提供了经验,形成了追求卓越的校园文化氛围,助力了全面发展的卓越创新人才培养。

近年来,经过卓越班团培育工作法的探索与实践,学院基层班团组织建设成效显著:每年都有约十个班级荣获校级"十佳卓越班级"和校级"活力团支部"称号,继前些年3次荣获上海市"五四红旗"团支部后,2019年学院团委被评为上海市"五四红旗"团委,同时2017级金融1班团支部被评为上海市"五四红旗"团支部,创下了一家团组织同时荣获两个市级"五四红旗"荣誉的纪录。2021年学院金融学2017级1班团支部在"活力团支部"炼成记——2020—2021学年高校活力团支部遴选及展示活动中荣获"活力团支部"称号。

经过近几年的培育,学院基层团组织建设形成了一种追求卓越、比学赶超的氛围。积极向上的班团组织能带动广大同学卓越进取、全面发展。每年都有学生荣获校十佳卓越班长、百优团员、优秀党员、校长奖学金等荣誉,学生干部代表李东益同学获2020年上海市大学生年度人物提名奖、上海大学优秀学生党员标兵,许世岩同学获上海市大学生暑期社会实践优秀个人。

辅导员们在指导班团建设的过程中,总结出了卓越班团培育工作法,自身也在带队育人的过程中不断成长进步,学院已有6人荣获上海大学"十佳辅导员"称号,多人获得校三八红旗手、优秀共产党员、社会实践优秀带队教师、就业先进个人等各类荣誉。近年来,学院辅导员先后获得上海市辅导员年度人物、上海市就业工作先进个人、上海市辅导员论坛征文获奖、上海高校心理教育十年奉献奖等市级荣誉。

优秀学生培育"三塑"工作法

钱伟长学院 阮杜娟

上海大学钱伟长学院是由1997年钱伟长老校长亲手创办的基础教学强化班发展壮大而来的,一贯践行为国家培养人才的教育思想,致力于造就"重基础、跨学科、国际化"的拔尖创新人才和学术领军人物。学院以习近平新时代中国特色社会主义思想为指导,培养理想信念坚定、厚植爱国主义情怀、品德高尚、学识丰富、不懈奋斗的德智体美劳全面发展的人才。

一、工作背景与问题

作为全国首批十七所试点学院之一,学院坚持创新人才培养模式,尊重学生主体地位,激发学生学习的积极性和主动性;学院也是教育部首批"三全育人"综合改革试点院(系)之一。作为集国家级教改平台与拔尖学生培养基地于一体的试点学院,学院践行钱伟长教育思想,对学生的培养注重个性化和追求卓越的目标。钱伟长学院的学生,积极进取、追求完美、个性鲜明,灵活有主见。但钱伟长学院的学生一样面临学业压力、竞争压力,表现出心理敏感、容易受挫的特点。对此,辅导员的工作重点便是既要开展学生的个性化培养,又要引导学生追求卓越,塑造优秀集体的群像,将国家方针、钱伟长教育思想落到实处,将群体教育与学生个体教育相结合,让学生植根追逐优秀的氛围。

二、具体方法与实践

如何让每一个优秀的孩子更加优秀,让整体温暖而有力量地前行,尽量减少分化,培养出一批又一批的优秀毕业生,是辅导员工作的着力点。为此,钱伟长学院的辅导员凝练出"三塑"工作法。

(一)塑魂

钱伟长先生提出:"我们培养的学生首先应该是一个全面的人,是一个爱国者,一个辩证唯物主义者,一个有文化艺术修养、道德品质高尚、心灵美好的人;其次,才是一个拥有学科、专业知识的人,一个未来的工程师、专门家。"辅导员通过指导学生开展书院楼道文化设计、钱伟长教育思想宣讲、缅怀钱老仪式、清明节为钱老扫墓、钱穆钱伟长故居参观、指导学生与中国人民解放军海军钱伟长船开展共建等活动,有效传播钱伟长教育思想。用钱老的伟岸人格和殷殷期待,潜移默化影响学生的精神世界,让每个伟长学子都有"做伟长人,塑伟长梦"的自豪感和使命感。

从事辅导员工作,一定要"站在巨人的肩膀上",要善于协调和把握知名专家、学者的资源,以开拓学生的科研视野,形成可贵的科学家精神。注重发挥纽带作用,有效地将学院钱伟长讲坛等依托学校院士、杰出青年、东方学者、知名学者的报告信息发布给学生,并组织学生参与互动学习。牵线搭桥为学生提供了丰富的科研资源,比如,组织学生参加与中科院脑科学研究所交流的沙龙活动;在驻楼导师入驻书院期间,组织学生与导师进行科研项目交流……当学生渴望找到合适的导师指导科研时,辅导员要第一时间掌握导师库信息,进行有效匹配,积极推进课内外联动。

辅导员自身也是一个"小磁场",要注意自身的价值观、文化素养、工作态度、责任心等,形成特有的人格魅力。同时,也要时刻注意弘扬正能量,如经常在学生微信群里分享爱国、励志、具有奋斗、奉献精神等方面的文章和推送,引导学生形成积极向上的价值观。

(二)塑情

每位学生都可以成为更加优秀的个体。辅导员要"一把钥匙开一把锁",通过深入了解、关注每位学生,解决学生的思想、心理、发展等问题,形成"亲其师,信其道"的工作局面。深入了解每位学生,根据学生特点和生涯目标做好指导,形成助推学生优秀的一生一策。辅导员还应将其中典型的工作案例记录在案,有助于工作个案的积累、比较和分析。对于弱势学生"扶危解困"、雪中送炭;对于优势学生,"强基固本"、锦上添花。

近几年,学院辅导员已累积学生工作案例记录、思考十几万字,共计100余篇。这100余篇记录了学院的辅导员们如何帮助学业受挫的学生迎头赶上,如何帮助宿舍关系紧张的学生不再敏感,如何帮助深陷抑郁的学生走出低谷,更记录了他们工作历程中的点点心得。一段段文字,记载着辅导员们从事学生事务管理、思想教育、心理疏导、推进学业发展的、充满人情味的历程。

(三)塑行

学做人,学做事,学担当。辅导员在学生爱国担当意识和日常处理事务能力的培养和引导上,不断强化学生的大爱情怀,指导学生规范高效地处理具体事务。2007—2019年,12年如一日,每年200余天的升旗日,辅导员坚持指导上海大学国旗卫士班按国旗法的要求升降国旗。在国旗卫士班的群里,每天早晚及时关注和回复学生升降国旗遇到的问题。辅导员通过这一坚持了12年的不平凡的"小事",强化了学生的爱国主义责任担当精神。同时,在2012年成立"钱伟长教育思想学生宣讲团"后,辅导员指导宣讲团面向上大学子宣传钱伟长教育思想,累计覆盖20 000余人次;指导学生协助钱伟长纪念馆开展钱伟长教育思想的讲解;指导学生编写《钱伟长教育思想》宣讲随手册,将钱老的爱党爱国和科学家精神潜移默化融入学生的血液,成为学生成长的"底色"。

在学风建设上,营造学生集体"比学赶帮超"的氛围与行动。通过工作入驻住宿书院,协调驻楼导师、班导师等育人资源和校友、生涯规划师等育人力量,积极引导学生参加学术导师项目和实验室实验,积极鼓励学生参加学术论坛、学科竞赛,既深入学生的"生活场域",又延伸到学生的"学习场域",融入学生的"社交网络场域",营造零距离环绕学生的全景式育人空间,形成"同场域"的环境;通过在书院牵头成立"康乃心"心理工作坊、"生涯工作室"、学业发展中心等相关工作室,与学生贴心交流,将思政工作与学生实际学习生活相结合,将解决学生思想问题与实际问题相结合,形成思想相融、师生互动的氛围,与学生"同频率"互动;在书院开展"读书沙龙""竞赛团队辅导""朋辈答疑""中秋茶话会""献血慰问"等活动,充分发挥住宿书院在生活保障、思想引领、行为养成、学业辅导、文化浸润、安全防范等方面的育人功能,全程陪伴学生成长。深入调动以学生党员为主体的学生积极开展"伟长学子讲坛"活动,通过高年级同学展示课程设计、科研成果与经验心得,宣传展示优秀学生风采，激发学生从事基础研究的兴趣，开阔低年级学生的视野，帮助学生树立远大志向。实施个性化教育引导，实现学生综合素养全面提升以及自身的专业化发展，与学生"同成长"。

三、达成目标与成效

在"三塑"工作法指导下，学生以追逐卓越为目标，各年级学生精神风貌整齐、积极进取，学业成绩整体良好，深造率较高。学院辅导员所带班级连续获得"上海大学先进集体"和"卓越班级"等荣誉称号；所带学生获得"美国大学生数模竞赛F奖"、发表数篇SCI论文，在竞赛、科研等方面为学校赢得了荣誉的佳绩；2018届毕业生继续深造率达到96%；2020届毕业生赴国内外知名高校深造率达到80%以上。毕业校友分布于康奈尔大学、约翰斯·霍普金斯大学、密歇根州立大学、曼彻斯特大学、北京大学、清华大学、中国科学院等世界知名高校院所，足迹遍布美国、英国、德国、新加坡、中国香港等地。学院力学专业班学生利用课余时间积极参加学科竞赛与科研项目，在全国第十三届周培源力学竞赛中，1人获得国家级三等奖、上海市二等奖，4人获得国家级优秀奖、上海市三等奖，2人获得上海市优秀奖；在第十二届全国大学生数学竞赛（非数学类）中，1人获得国家级三等奖和上海市三等奖；在全国物理实验竞赛中，3人获得优秀奖；在第七届上海大学力学竞赛中，4人获得一等奖、2人获得三等奖。

创新人才培养"三融"工作法

社会学院　张乃琴

创新的事业呼唤创新的人才。习近平总书记寄语当代青年："青年是祖国的前途、民族的希望、创新的未来。"上海大学社会学院辅导员采用创新人才培养"三融"工作法，努力培养"胸怀祖国、放眼世界、心系社会、志在利民"的有为青年。

一、工作背景与问题

习近平总书记强调，哲学社会科学研究要立足中国特色社会主义伟大实践，提出具有自主性、独创性的理论观点。我国目前正处于社会变革与转型的重要时期，各个领域都面临着重大的改革与创新，迫切需要大量人文社科类创新人才来承担和完成这一历史使命。因此，加强人文社科类创新人才培养，对推动社会发展，传承与弘扬民族文化，构建国家治理体系现代化都具有重要现实意义。

社会学是一门系统研究社会行为与人类群体的学科，实践性非常强，其起源与学科发展都是为了认识和破解人类社会发展以及社会变迁过程中的各种现实问题。社会学院辅导员团队以培养"心系社会"、担当民族复兴大任的时代新人为己任，积极对接社会发展重大需求，将专业研究扎根于中国大地，努力提升学生的创新精神和创新能力。多年来，探索形成了通过"融入课堂内外培养创新意识，融合学习与实践提升创新能力，融通高校与社会开展创新创业实践"的人才培养模式和工作方法，努力培养具有批判精神的卓越创新人才。

二、具体方法与实践

（一）"融入课堂与课外"相辅相成，因材施教，培养创新意识

一是发挥学科优势，突出专业特色，形成特色创新课程。在第一课堂主渠道的育人过程中，充分发挥专业优势，凝聚力量，在课程体系设置上开发"创新中国""大国方略""社会创新设计"等各类创新型课程，将社会学学科优势融入课程教学体系，探索启发式教学、讨论教学等多种教学方法，激发学生的学习热情，培养学生创新能力，加强以学促教。辅导员团队参与撰写上海大学《大学生社会实践》等选修课程书籍，内化专业素养，提升专业技能，帮助学生了解自己的兴趣爱好，增强学生的创新原动力。

二是根据学生成长特点，打造实践育人第二课堂。通过以学生为主体的"了解需求—学习研讨—针对指导"全流程多元化工作模式，增强第二课堂在创新人才培养方面的系统性和延展性。定期举办师生恳谈会、学生成长调研等深入了解学生成长需求，明晰创新人才培养相关内容及其变化规律，加强学生科创思想引导。通过30余个各具特色的读书小组，打造课外学习交流新阵地，让学生成为真正的研讨者，让创新思维在碰撞交流中闪光。设置学业导师、科创导师、产学研导师、育才导师等多元导师队伍，不同的导师针对学生的多元需求开展分层分类指导，实现学生指导多重覆盖。在工作实践中，努力形成第一课堂与第二课堂"互容、互补、互动"的良性关系，针对不同年级、不同层次、不同兴趣的学生因材施教，增强创新意识，培养创新精神。

（二）"融合学习与实践"相得益彰，知行合一，提升实践能力

一是搭建创新实践平台，实现以赛促学，竞合成长。依托专业教师创新工作室，创新创业训练营孵化培育各类精品社会实践项目，由骨干学生、青年教师、辅导员队伍为主体形成"创新+"队伍，挖掘潜力全方位扶持科创实践，助力优秀项目加速孵化，打造实践育人品牌，推动实践育人常态化、规范化。截至2021年底团队依托创新实践平台已孵化校、市级社会实践项目近百项。通过举办院校两级"自强杯"等科创竞赛建章立制，制定创新竞赛奖励办法、科研创新学分认定办法，完善双创服务保障体系，营造一流的学术环境与创新创业氛围。积极组织学生参与"知行杯""挑战杯""互联网+"等各项科技竞赛，

以竞赛为契机,继续加强专业学习,锤炼过硬本领,把在备赛、竞赛中所学知识运用到实践中,通过"实战"提高自身的专业能力,培养核心竞争力。

二是积极链接社会资源,促进产教融合,产学互促。进一步加强校地合作,建设多层次、多样化校外实践基地体系。通过学习、共同评价,学生获得该行业核心技能及相关资格证书,习得专业技能;通过实习实训,提升实践动手能力。同时,每年定期输送近百名学生进入医院、社工机构进行实习、社会实践,以实践基地为主体推进协同创新和成果转化。"产教融合,产学互促"在各项社会实践中提升了广大学生的实践创新能力,更好地促进了学生的个性发展,使学生发挥专业优势,了解社会发展,贴合社会需求,为祖国的发展建设贡献力量。

(三)"融通高校与社会"相互促进,美美与共,强化育人成效

一是高中高校联动共享,发挥实践育人示范效应。学院与本市部分高中开展联合共建,学院师生从社会实践调查方法教学、社会实践项目培育、创新创意竞赛宣讲等方面开展联动共享。每年寒暑假,与联建高中通过双向选择,共同确定社会实践项目及研究课题,以提升学生的科学思维,培养学生的研究意识。学院选树在学术、科创方面取得突出成绩的典型,鼓励学生走进高中,搭建高中高校对接的"学生桥梁",引导高中生的科创兴趣。利用区位优势、专业优势,主动对接服务地方基础教育,美美与共,强化实践育人成效。

二是构建辐射全国的奖助体系,促进实践教育延展。面向全国设置费孝通论文奖、费孝通田野调查项目资助计划,继承和弘扬费孝通先生的学术思想和治学精神,鼓励全国青年学生走进田野,以资助青年学生开展田野调查,分析社会、了解民情、关注民生,强化学术训练,激发学术兴趣,提升田野调查能力,提高实践教育内涵与外延。进一步强化实践育人的延展性,集聚创新要素,提升创新能力,激发创新活力,扩大实践育人在全国的影响力。

三是面向长三角辐射全中国,扎根社会治理研究第一线。指导学生扎根田野,立足实践,学生深度参与导师项目,从基础观察、半问卷式访谈到处理资料、锤炼成文,学生社会实践、田野调查的印记遍布全国各地,彰显开拓创新、科技报国的本色,将论文写在祖国的大地上。每年组织招募200余名校内外学生参与上海大学上海社会科学调查中心组织的"新时代特大城市居民生活状况研究",该调查为研究特大城市社会结构状况及其社会治理方面提供了很

好的基础性数据。学院组织近百名研究生参与了国内首个以城市为主题的专项大规模调查——上海都市社区调查，该调查侧重于大都市的社会治理与社会生活，设计突出空间结构和社区环境对个人和家庭生活的影响。培养学生立足实践，勇于创新，不断服务社会发展，扎根社会治理研究第一线的学术思想。

三、达成目标与成效

通过"三融"工作法在创新人才培养方面进行的一系列探索实践，学生的科创热情得以有效激发，科创实践育人成效显著。

学生在"挑战杯""知行杯""全国田野调查大赛"等科创、学科竞赛中屡获佳绩。2013—2021年，学院学生在全国"挑战杯"竞赛中获得特等奖1项、一等奖3项；在上海市"挑战杯"竞赛中获得特等奖2项、一等奖5项、三等奖4项；在"知行杯"上海市大学生社会实践大赛中获得特等奖2项、一等奖1项、二等奖2项、三等奖7项；在"创青春"全国大学生创业大赛中获得三等奖1项；在全国大学生电子商务"创新、创意及创业"挑战赛全国总决赛中获得三等奖1项；在"创青春"上海市大学生创业大赛创业实践挑战赛中获得二等奖1项；在上海市"创青春"公益创业大赛中获得三等奖2项。在实践育人的影响下，学院涌现出了一大批参与西部志愿服务的优秀学子，他们践行学院"胸怀祖国、心系社会"的院训精神，用自己的实际行动践行志愿者精神，弘扬实践精神。西部志愿服务团队辅导员也多次获得省市级暑期社会实践优秀指导教师等荣誉。

社会学院辅导员团队创新实践育人途径，推进学生知行合一，以培养心系社会、担当民族复兴大任的时代新人为己任，将立德树人与专业教育、实践教育有机结合，营造积极探索、勇于创新的学习氛围，在实践中发现问题、提出问题、解决问题，不断提升学生综合素质能力，努力培养全面发展的卓越创新人才。

科创人才培养"四把火"工作法

材料科学与工程学院 祁 晶

科技是国家强盛之基,创新是民族进步之魂。习近平总书记寄语当代青年要"把视线投向国家发展的航程,把汗水洒在艰苦创业的舞台"。上海大学材料科学与工程学院辅导员践行科创精神,结合理工科学生特点,在科技创新人才培养方面进行一系列的探索实践,形成辅导员科创人才培养"四把火"工作法。

一、工作背景与问题

科技创新是实现民族复兴的强大驱动力,也是适应国内外环境深刻复杂变化的迫切要求,加快科技创新对国家经济社会发展和建设社会主义现代化强国具有重大战略意义。

(一) 理工科学生科技强国热情需要激发

上海大学材料科学与工程学院承担材料和钢铁冶金领域的科学研究和人才培养,共有学生约2 500人,这些学生是科技强国的强大后备军,肩负科技强国的重要使命。在思想政治教育过程中,辅导员发现,学生科创热情有待于激发,需要与专业教师形成合力协同育人。

(二) 辅导员科创育人方式需要创新

努力培养能应对未来挑战的材料与冶金人才,培养能够担负民族复兴大任的时代新人,是辅导员至关重要的任务。传统的思想政治教育方式对于培养和激发学生科创能力的效果不明显,学院辅导员结合材料专业的特点,将学生熟知的"四把火热处理工艺"运用到科创培养中,结合专业特点开展育人思考。

二、具体方法与实践

"四把火"即淬火、退火、正火、回火,是金属材料加工过程中常见的四道热处理工序,是对工件整体升温处理,然后以适当的速度冷却,以改变其整体力学性能的热处理工艺,在这个过程中,材料的韧性和强度都会得到改善。学院学工团队立足学科特色,将对于专业特点的体会和感悟与学生思想政治教育工作紧密结合,创新人才培养思想并应用于科技创新人才培养工作中。

对于材料类专业的学生,由于学生本身具备材料学的理念和思想基础,将其熟知的"四把火热处理工艺"思想具体运用到学生科创培养中,有效地激发学生主动参与科创实践的意识、践行科技报国使命,让科创成为时尚,使得科创精神"火"起来。

(一)思想"淬火"树立观念,加强科技报国内在动力

"淬火"可以提高钢的强度、硬度以及耐磨性,勤"淬火"才能出好"钢"。学院辅导员注重对学生特点和需求的调研,与教务部门联动,定期进行青年教师座谈会、学生干部座谈会、学生代表座谈会,深入了解学生的成长需求和困难,分析不同阶段学生培养的特点,明晰创新人才培养相关内容及其变化规律,针对性地开展学生的思想引领工作。

第一是进行整体化设计。对人才培养工作整体化设计,构建一体化创新人才培养体系,学工团队分为科创中心、党建中心、就业指导中心、学生事务中心四大部分,辅导员为主要负责人,学生干部发挥朋辈作用。第二是探索不同阶段的有效衔接。对于不同年级学生知识结构与能力提升的侧重点不同,有针对性地制定阶段培养方案。第三是主动和学科对接。以学院雄厚的科研实力为支撑,辅导员全员加入学院青联会并定时和专业导师交流,借力学科优势共同推进人才培养工作。

(二)制度"退火"塑造韧性,完善科创培养机制体制

"退火"能降低硬度、消除应力,为下一步工艺做好准备。辅导员努力培

育科创优质土壤,为学生成长植入科创基因,完善制度层面供给,建立鼓励学生参与科技创新活动的相关激励制度。

制定本科生科研创新学分认定办法。辅导员牵头协同教学团队、专业导师,组织学生参加社会实践、创新创业训练计划、"挑战杯"等实践活动,围绕理论学习、实验技术、文献检索、学术讲座、项目申报等推出体系化的科创能力培养方案,制定科研创新学分认定办法,实现学生100%有创新创业实践项目的目标。

全面落实本科生全程导师制。学院为本科生配备导师,做到本科生人人有导师。和校友、企业充分对接,大一分流学生进入学院后既有按专业配备的学业导师,又有从大二到大四的专业导师,还有按照竞赛项目邀请的校友导师,三类导师协同工作,服务于不同层次的学生。

以辅导员为主体开设创新创业专业选修课。全体辅导员定时召开课题研讨会,教学能力不掉队。充分利用自身优势开发特色课程,与米龙谷公司联手打造"创新创业与职业规划",从本课程中孵化出的项目每年都获得各类创新创业奖项。与业内领先的Kennametal公司开设"职业生涯培训",就业和创新精神能力培养双管齐下。

(三)实践"正火"促进成效,多方联动以赛代教

"正火"增强钢的塑性和韧性,提高其综合力学性能。辅导员构建师生沟通的多维平台,强化专业知识与技能的供给。

第一是激活师生主体,贯通培养渠道。打破学科壁垒,构建"课堂教学+课外辅导""优势学科资源+雄厚校友资源""青年教师+科创营成员""创新工作+创业活动""项目推进团队+项目培育主体"等联动推进模式,由骨干学生、青年教师、学工队伍、科创营成员为主体组建"材料创客+"队伍,实现师生无缝对接及学生创新能力的可持续发展。

第二是"以赛带教",组织学生参加各类学科竞赛,形成特色鲜明的"学科—学院—学校—全国"四级赛事。支持学科举办科创练兵竞赛;搭建"材冠杯"为选兵平台,选育人才,营造学院科创氛围;以校内"自强杯"为练兵平台,锻炼人才,互补学科优势;以全国"挑战杯"竞赛、"永冠杯"铸造大赛等为导向平台,将四级赛事扩展到每个专业,提升科创竞赛的参与面,引领学生科技创新的航向。

第三是辅导员积极争取校友、企业捐赠、支持办赛,如"普阳钢铁杯"金相技能大赛、"浦景杯"高分子知识竞赛等,激励学生实现良性竞争。

(四)全面"回火"强化性能,形成榜样辐射效应

"回火"可以实现强度、硬度与塑性、韧性的良好匹配,从而创造优异的使用性能。辅导员提升创新人才培养质量供给,依托上海高校创新创业教育实验基地和上海大学学生科技创新德育工作特色基地,对创新人才进行精准培养。

学院连续8年举办"科技创新与创业训练营",搭建科创能力培养的练兵场。从不同年级选拔具有良好创新创业能力的学生组成"科技创新与创业训练营",至今已招募七期学生共200余人,致力于培养具有创新创业素养和较强科研能力的科技创新与创业型人才。从方案设计、项目挖掘到资源调配,辅导员均全情投入,如今,参加"科技创新与创业训练营"已经成为学生的热门追求。学工团队挖掘潜力全方位扶持科创实践,助力优秀项目加速孵化,营造一流的学术环境与创新创业氛围。

学院连续13年开展"材料之星"典礼,榜样力量辐射带动氛围。选树在学术、科创方面取得突出成绩的典型,让志在创新创业的学生找到标杆,坚定科技报国的情怀。同时,学院鼓励"科创之星"加入进驻社区学院的导师和学生团队,搭建专业学院和社区学院对接的"学生桥梁",引导大一学生的科创兴趣。

三、达成目标与成效

通过科创人才培养"四把火"工作法的一系列实践,学生科创热情得以有效激发。学院学生学科竞赛省部级及以上获奖年均80项,获得全国"挑战杯"奖项7项,在第三届全球重大挑战论坛"学生日"活动(竞赛)中在所有参赛高校中排名第三、在参赛的中国高校中位列第一。近几年来,"比学赶超"的科创氛围带动辐射学院其他条线工作,学院毕业生就业率始终在学校理工大类学科专业中名列前茅,并培养了多名获得全国劳动模范、上海市劳动模范等荣誉的杰出校友。

辅导员在努力培养具有科学家精神的学生过程中,总结出科创人才培养

"四把火"工作法,整合资源,协同育人,开展各类科创项目,在继承优良传统的基础上积极探索创新渠道,为学生提供更多的成长空间。同时,辅导员也得到成长和收获,部分辅导员获得静安区青年岗位能手、上海市暑期社会实践优秀指导教师等荣誉。

科创人才培养"四把火"工作法的实践探索,激发了学生的自主成长意识,今后将有规划、有目的地开展各类活动,在继承优良传统的基础上积极探索创新的渠道,为学生提供更多的成长空间,将学生培养为具有创新精神、实践能力,并能应对未来挑战的卓越创新人才。

科创素养培育"春耕"工作法

社区学院　陆耀峰

创新是引领发展的第一动力,是建设现代化经济体系的战略支撑。习近平总书记寄语当代青年要"要勇于创新,深刻理解把握时代潮流和国家需要,敢为人先、敢于突破,以聪明才智贡献国家,以开拓进取服务社会"。辅导员践行创新精神,结合新生发展特点,在科创素养的培养方面进行一系列探索实践,形成了由新生科创素养培育"春耕"工作法。

一、工作背景与问题

创新是一个民族进步的灵魂,是一个国家兴旺发达的不竭动力,也是中华民族最深沉的民族禀赋,提升新生科创素养将对科技人才的培养、国家与社会的发展以及建设社会主义现代化强国具有重大战略意义。

(一)学生创新强国的使命感需要树立

上海大学社区学院承担按照大类招生的新生为期一年的培养工作,构成创新强国的强大后备军,肩负创新强国的重要使命。在思想政治教育过程中,辅导员发现,学生科创的使命感有待于提升,辅导员与全程导师、项目导师、科创导师等协同育人需要形成合力。

(二)辅导员开展科创育人方式需要创新

为培养能应对未来挑战的卓越创新人才打下坚实基础,传统的思想政治教育方式对于提升学生科创素养效果不明显,辅导员结合大一学生特点,将"春耕"常用的"选苗、育苗、墩苗"手段具体运用于新生科创素养的培育工作中,在文理深度融合、全天候育人环境和全员育人等层面开展育人思考与探索。

二、具体方法与实践

"选苗、育苗、墩苗"是春耕时常见的农作物种植工序,"选苗"是在众多幼苗中选出适应于种植地环境的良苗;"育苗"是在种植后给予水和肥料并及时除草;"墩苗"是踩实幼苗边上的土,促进根系扎向更深的地里。在整个过程中,幼苗的生长趋势、成长效果与发展深度均会达到理想状态。

作为教育部"一站式"学生社区综合管理模式建设试点工作的示范点,辅导员团队立足大类招生及通识教育教学改革的基本使命,充分利用在学生生活园区办公的天然优势,结合具有系统性、层次性与个性化的课外培养体系,以创新项目、学科竞赛与学术活动等为纽带,不仅实现了双创实践基地及其项目的入驻,还有效凝聚了全程导师、项目导师、科创导师等群体形成全员育人模式。这有效激发了新生主动了解创新强国的意愿;促进了新生科创素养的提升;增强了新生科创报国的使命感,为科创人才的接续培养打下了坚实基础。

(一)"选苗"靠"撒种",在新生心中埋下创新的"种子"

"选苗"需有"苗","撒种"方得之。辅导员注重对学生特点和需求的调研,在新生入校时进行发展需求及水平的全样本调研,形成每位同学的发展水平评估与建议书,同时,通过分析定量数据对全年课外培养工作进行整体性安排与调整,并在每个学期进行若干次不同层面的"院长有约"、大类学生培养工作研讨会、导师工作研讨会及专业学院人才培养工作联席会等,深入了解不同类型、层次与学科学生的成长需求和困境,并结合不同阶段的学生发展规律制定培养方案,形成"六步三阶段"的"春耕"工作法,在"撒种选苗"阶段(第一阶段)完成"全覆盖宣传"和"精准化指导"两个步骤,实现科创意识的激发与引领。

第一是在全覆盖宣传上,紧抓适应性教育的黄金时期。适应性教育的时间跨度主要为从学生入学报到至开学后的一个月内,通过"五个一"途径激发新生科创意识,包括"一册、一宣、一谈、一展、一讲"。"一册"是指人手一本的

《新生成长手册》,具体介绍学院创新意识与科创素养培养的体系、项目及支持资源等;"一宣"是指创新创业训练计划、社会实践、各类学科竞赛的动员宣传均会出现在集体班会课中;"一谈"是指辅导员、导师、导生等群体,均会在与新生的交流中设计科创素养培养的内容;"一展"是指迎新展、校院科技节路演、社团展等展演中,由科创优秀团队向新生介绍项目情况及成果;"一讲"是指在学院迎新会、集体班会、"立德树人"讲坛中,辅导员、导师、导生等均会作关于科创的专题讲座。

为实现"五个一"的有效性,各学院各部门间形成工作清单与任务书,确保"内循环"顺畅与"内部资源"的"增值化"。源源不断的外部资源使得"五个一"打破了学院与学院间、学院与职能部门间的"墙",实现了"内外双循环"的良好态势。

第二是在精准化指导上,紧扣选题可行性以增强学生"体验感"。每年10月启动院级"创新项目"(对接"大学生创新创业训练计划项目")的申报指导工作。作为新生科创素养培育的"新手村"可选任务,"创新项目"分为"菜单内"与"菜单外"两种模式。"菜单内"模式是由全程导师、项目导师、科创导师提供选题形成"菜单",学生根据自身兴趣、学科及专长自主联系导师,导师可挑选项目成员并进行为期至少一年的指导工作。"菜单外"模式则需学生完成"三自",即自己找选题、自己找导师、自己找队友,此种模式也深受学生欢迎。

第三是为提升学生在科创项目中的"体验感",紧紧依靠"一生"与"一师"两支队伍。"一生"是指"创帮"学生团队,其负责"创新项目"的整体管理工作,包括宣讲、答疑、遴选、审核、反馈及结项等,项目立项由"创帮"学生团队结合申报材料进行筛选;校级立项阶段,则通过中期检查挑选成效较好的项目,并交由专业教师进行审核、评分、排序后提交学校。"一师"是指项目指导教师团队,辅导员一方面与指导老师进行沟通交流,另一方面与"创新项目"学生团队交流,对其项目开展精准指导。

(二)"育苗"靠"养料",构建科创素养提升的供给系统

"庄稼一枝花,全靠肥当家",团队高度重视"撒种选苗"后的"培植"环节,在"育苗壮干"阶段(第二阶段)需完成"六步三阶段"的"竞赛化培育"和"定制化培养"两个步骤,实现科创项目的孵化转化与新生科创素养的全面提升。

1. 在竞赛化培育上，努力构建科创素养提升的支撑体系

施行"一制、多学科、一节、多师"的运行模式，以确保学生项目参与竞赛的可行性。"一制"是指专门制定辅导员创新实践的单项奖，鼓励与支持辅导员指导学生参与竞赛类项目，通过原有"创新项目"的孵化转化或者"另起炉灶"的方式，让学生自主选择竞赛及其选题、自主选择项目成员、自主选择指导教师。"多学科"是指学生项目团队为文理融合的多学科团队，能够发挥不同学科学生的特质与专业特点，有效提升竞赛项目的质量。"一节"是指学院科技节，一般在每年6月举行，学生可有近半年的时间打磨项目并参与作品评选与展示。"多师"是指学生根据项目需要，可采取自行或通过辅导员与相关教师进行交流沟通，辅导员也根据现实情况为学生团队寻求相应教师进行指导。"一制、多学科、一节、多师"的运行模式，不仅有效促进了辅导员指导学生的积极性，更激发了学生参与竞赛类项目的主动性。

2. 在定制化培养上，努力构建科创素养提升的训练体系

施行"二训、多赛、多会"的运行模式，以此提升新生参赛项目的质量，并将科创素养的提升落到实处。"二训"是指对有参赛意愿和已报名参加竞赛的学生进行专项培训。针对有参赛意愿的学生进行基础技能类培训，包括表达、逻辑、调研、写作等；针对已报名参加竞赛的学生进行该项竞赛的专题培训，包括竞赛要求、产品定位、文本规范、业务流程等。"多赛"是指辅导员根据学生团队现有项目或者学生特点，鼓励其参与不同比赛，以教育部认可的57项比赛为蓝本，让新生以同一项目参与同类型比赛，以赛促训、以赛促学、以赛促进。"多会"是指辅导员以高频次的线上或线下会议深入与学生交流项目，同时，根据学生项目需求，带领学生团队拜访相关专家与教师接受指导。

（三）"墩苗"靠"环境"，为新生提供科创落地生根的空间

"墩墩苗"才能"拔拔高"，团队高度重视新生科创项目的接续培养工作，学生分流进入专业学院后则为"墩苗强根"阶段（第三阶段），需完成"六步三阶段"的"项目入驻"和"能效外溢"两个步骤，以实体化科创项目推进新生科创素养的系统化提升，并为下一届新生的科创素养培养提供坚实基础。

1. 在项目入驻上，以"实"为核心促进项目成长

提出"五定"要求，即"定项目、定团队、定空间、定教师、定目标"。"定项目"是指在本学年各类竞赛项目中选拔筛选适合的项目作为重点培养对象，

给予入驻双创基地的机会;"定团队"是指入驻双创基地的项目,可调整团队成员并在本学年内深耕项目;"定空间"是指在双创基地中提供办公场所及相应设备,并为入驻项目挂牌;"定教师"是指入驻项目配对辅导员进行指导;"定目标"是指入驻项目需设定本学年任务,包括参与竞赛、项目展演与宣讲、技能训练以及协助新一届学生参与竞赛等。

为满足科创项目落地与发展,在生活园区内设立了创新实践公共空间,包括文化研习室、CoffeeBar、讨论室、悦读空间、影音室、健身房、健心房等9个独立活动区域;设立了双创实践基地,面积为80平方米,划分为5个创客空间,即文创、科创、创意、实践、综合。同时,为科创项目提供在学生生活园区内进行展演与活动的空间,形成了新生"足不出户"便能"沉浸式"体验科创项目的"全天候"育人模式。

2. 在能效外溢上,以"带"为形式辐射新生群体

采取"四破"作法,破除年级间、学科间、学院间和部门间的无形之"墙"。以入驻项目为纽带,形成以老带新、文理融合的科创素养培育模式,以此破除年级与学科间的"墙";团队以培育入驻项目成员科创素养为目标,秉持"功成不必在我,功成必定有我"的工作理念,学生可从专业学院申报竞赛项目,采取共同指导的方式增强入驻项目的深度与广度,以此破除学院间的"墙";以入驻项目参与学校大型活动为契机,在锻炼项目成员科创素养的同时进一步增强项目成熟度,以此破除部门间的"墙"。"四破"作法不仅使得入驻项目能够有效辐射新一届学生,还能将专业学院和学校职能部门的资源进一步惠及新生群体。

三、达成目标与成效

通过科创素养培育"春耕"工作法的一系列实践,学生科创热情与素养得到进一步提升;"育苗壮干"阶段的竞赛项目中,均由大一学生组建而成的学生团队,在十七届"挑战杯"上海市大学生课外学术科技作品竞赛中获得二等奖,这在全市范围内也属个例。另有二十多支新生团队参加了十一届全国大学生电子商务"创新、创意及创业"挑战赛和第七届中国国际"互联网+"大学生创新创业大赛,3支团队分别获得"三创赛"校赛一、二、三等奖,其中2支团队均获市赛二等奖;4支团队分别获得"互联网+"校赛金奖1项、银奖2项、铜

奖1项。在辅导员指导下，2位新生在上海大学首届职业生涯规划大赛中与高年级学生（包括研究生）同台竞技，并分别获得三等奖与优胜奖。"墩苗强根"阶段的入驻项目中，"爱生涯"职业发展中心、"域情文传"、"文创工作室"、"剪人生"等项目持续发挥着以老带新、文理融合的科创育人效能，其中，"爱生涯"在学校招毕办的支持下，参与策划、组织并开展了上海大学生涯体验周活动；"域情文传"参与上海大学第三届民族文化节的展演活动；"剪人生"的庆祝中国共产党成立100周年剪纸作品被收藏并陈列于钱伟长图书馆初心书屋和学校党建服务中心。

辅导员在努力培育新生科创素养的过程中，总结出了"春耕"的"选苗、育苗、墩苗"工作法，整合资源、合力育人，通过顶层设计、制度保障、项目入驻等方式，探索出了科创育人的辅导员工作创新渠道，为学生成长提供了更多可选择的向度。同时，辅导员队伍也获得锻炼与提升，团队辅导员先后获得上海市辅导员年度人物、上海市育才奖、市级和校级暑期社会实践优秀指导教师以及校级各类竞赛项目的优秀指导教师等荣誉。

科创素养培育"春耕"工作法已成为科创育人的重要手段，也为培养具有创新精神、实践能力并能应对未来挑战的卓越创新人才打下了坚实基础，更为科技人才的培养贡献了"埋下第一粒科创火种"的力量。

科创育人协同工作法

通信与信息工程学院 陈 涛

随着中国特色社会主义进入新时代,各行各业对高层次创新人才的需求更加迫切。高校要全面贯彻党的教育方针,坚持走内涵式发展道路,立德树人,服务需求,提高质量,培养德智体美劳全面发展的社会主义建设者和接班人。通信与信息工程学院辅导员团队坚持以"科创育人"为实践引领,协同专业教师瞄准世界科技前沿和国家关键领域,服务经济社会和国家战略发展,培养具有创新精神的信息领军人才,形成辅导员科创育人协同工作法。

一、工作背景与问题

(一)国家发展迫切需要"德才兼备"的高层次人才

"创新是引领发展的第一动力,科技是战胜困难的有力武器。"新形势下,我国坚定不移贯彻科教兴国战略和创新驱动发展战略,坚定不移走科技强国之路。信息通信产业作为现代科技密集型产业,也是我国社会发展的战略型产业之一,培养通信专业卓越人才是通信与信息工程学院的时代使命,专业教师培养学生扎实的知识文化素养,辅导员需要协同专业教师培养学生实践能力、创新能力、综合素质全面发展,助力学生成为"德才兼备"的卓越人才。

(二)新时期育人目标的实现需要专业教学与思政教育相结合

课程思政与思政课程已全面大协同发展,高校对"课程思政"的研究和实践不断深入,已经逐渐实现了由"思政课程"向"课程思政"的外延,有效地拓展了思政教育的范围,有效解决了传统思政教育场域有限、"孤掌难鸣"等问题。专业课程中蕴含着本专业独特的思想价值和精神内涵,辅导员协同专业教师挖掘提炼专业课程中的思政元素,增加课程的知识性、人文性,有助于培养本专业学生的专业精神、职业精神,这也与本专业高层次人才培养目标相符。专业教育和思政教育有效融合、相辅相成是新时期培养"德才兼备"的卓越人才的重要途经。

(三)新时期育人导向要求"全员、全程"参与

在专业教学与思政教育结合育人实践中,专业教师与辅导员要发挥各自优势。专业教师在学生中具有一定的权威性,可以通过丰富的知识储备、扎实的专业技能、正向的人生经历打动学生、引领学生、教育学生;辅导员作为学生的知心朋友和人生导师,可以全程陪伴学生从入学到毕业,全方位围绕、关照学生的成长成才。辅导员与专业教师的协同可以促进专业教育和思政教育深度融合。

二、具体方法与实践

(一)促进全员协同、全程育人、育人资源整合的实现,建立基于专业教学和思政教育的联动育人机制

辅导员与专业教师协同、工作交叉、资源融合,培养具有家国情怀和创新精神的卓越通信人才。辅导员协助教师讲清楚"做什么、怎么做、为什么做"。全程导师在本科生全程育人工作中扮演着至关重要的角色,对于本科生实践创新能力的培养发挥重要作用。在本科生全程导师配备基础上,辅导员协助学院在全程导师中选聘学生工作经验丰富、工作成绩突出的优秀教师担任班主任,为全程导师建立工作交流平台。辅导员协同专业教师参与各类育人工作课题申报,在实践中摸索、思考、总结育人规律,探索完善协同育人模式。在第一年"上海大学本科生全程导师进驻学生生活园区开展育人工作"校级课题评选中,学院共有14个项目正式立项,包括1个院级项目、6个专业教师个人实践项目、7个思政辅导员理论研究项目,充分体现了辅导员与专业教师协同效果;辅导员协助学院统一组织培训会、动员会、交流会等,凝聚广大教师,帮助教师改进和提升工作方式方法,提高教师育德能力。

辅导员和专业教师一起了解新时期国家战略发展需求、高校育人导向与目标、育人政策与路径等,协同引导专业教师明确专业课程所承载的价值引

导作用,积极响应国家育人工作号召,开展协同育人工作;通过与教师支部共建,开展"四史"学习教育、马克思主义理论学习等提高教师的政治站位和对新时代教育工作的认知水平,激励教师积极探索新时代育人实践。

学校全面实施本科生全程导师制,根据工作实际,学院研究制定了《通信与信息工程学院本科生全程导师制实施细则》,明确全程导师育人导向、工作职责、考核与激励制度等;建立全程导师制考评细则,将全程导师工作纳入绩效和学院公共服务工作,每学期末开展导师工作考核,辅导员评价占据20%的权重。该制度一方面给予导师工作指导,激励专业教师的育人积极性,另一方面可对辅导员与专业教师的协同落实加强保障。

(二)促进全程育人实现,搭建各类育人平台,打通"课上课下、课内课外",辅导员与专业教师协同科创育人

打造"课外"科创育人平台,以"研"促全面发展、以"赛"促全面发展。辅导员结合专业、学科特色,利用各类科创育人平台,鼓励、引导本科生参与学科竞赛、科创活动,在科研、竞赛中发现、发展、发挥学生的专业潜力与特长,提升学生的综合素质,培养学生的奉献意识。辅导员牵头获批创客空间1个,专业教师牵头获批创新工作室4个,分别为聚焦于智能视觉分析在X行业应用的AI+X创新工作室、专注大学生电子设计竞赛的工程教育中心创新工作室、以物联网为研究方向的IOT创新工作室、先进通信与智能网络创新工作室。辅导员利用科创育人平台,协同专业教师旨在为学生参与学科竞赛、科创活动提供场地、师资、设备、智力支撑,鼓励本科生参与全程导师所在课题组科研日常与科研项目,在"耳濡目染"与"提前参与"中挖掘专业兴趣和专业特长,培养学习能力和创新能力。

开辟学生社区"课下"育人阵地,充分围绕学生打造浸润式育人时空。当代大学生存在缺少固定教室、班团聚集次数有限、集体意识较弱等现状,随着学生成长需求多样化、学习场地多元化,学生社区已经成为当代大学生重要生活场地之一,同时也成为高校育人工作的重心场地。辅导员开辟社区"第二课堂",下沉育人资源至学生一线生活园区,既是"三全育人"对当代高校育人工作提出的新要求,也是解决高校育人工作难题的新途径、新方法。辅导员协同专业教师在学院学生所在楼宇开展学业帮扶、学术沙龙、成长问诊三类社区讲堂,以专业教师充实的专业学识、丰富的人生经历、正向的人生态度,做好

学生的引路人，帮助学生开拓专业视野、启迪专业思维、培养专业兴趣与创新精神。

辅导员充分发挥教育、服务、管理、协调四大职能，做好学生与专业教师、学院、学校之间的桥梁纽带，在服务、管理工作中引领学生树立正确的价值观、人生观；利用科创育人平台精准把握学生特点与需求，与学院、专业教师共同研究工作内容，使得育人工作最大限度满足学生成长成才需要；善于挖掘、整合各方育人资源，协调全员育人队伍，明确责任体系，协助学院做好队伍工作分工。

三、达成目标与成效

辅导员结合学院专业、学科发展特色优势，搭建各类"课上课下、课内课外"贯通科创育人平台，培养了一大批基础理论扎实、实践能力突出、自学训练有素、综合素质全面的学生，受到通信电子业、信息服务业、航空航天、银行业、政府部门等各类行业单位欢迎。近年来学院本科生在各类程序设计竞赛、电子设计竞赛中屡创佳绩，多次获得国家级一等奖、二等奖，市级一等奖、二等奖等。在2021年的全国大学生电子设计竞赛中通信与信息工程学院学子共获得了上海市一等奖7项、推荐全国奖6项、上海市二等奖3项、上海市三等奖12项的佳绩。翔英学院"理事会制下三位一体协同育人的卓越工程师培养创新模式探索与实践"获得了上海市教学成果二等奖。

通信与信息工程学院辅导员在三全育人建设过程中，逐渐形成一套成熟的科创育人协同工作法，充分发挥专业教师、思政辅导员的育人职能，加强指导与协调，实现"1+1＞2"的育人成效。未来，学院辅导员将继续加强细节完善，守正创新，为培养新时代卓越创新信息领军人才贡献力量。

多方联动　学业筑基

构建学风建设"五圈层"工作法

通信与信息工程学院　徐　群

习近平总书记在全国高校思想政治工作会议上强调:"要坚持不懈培育优良校风和学风,使高校发展做到治理有方、管理到位、风清气正。"而大学生在校期间,学业是其最为重要的主业,学风建设自然成为高校辅导员工作中的关键一环,需要辅导员积极思考与实践,探索出适合学生成长和成才规律的学风建设工作方法。"五圈层"工作法就是一种辅导员在长期工作实践中积累的行之有效的学风建设方法。

一、工作背景与问题

《普通高等学校辅导员队伍建设规定》中"总则"规定辅导员是高等学校学生日常思想政治教育和管理工作的组织者、实施者和指导者。辅导员应当努力成为学生的人生导师和健康生活的知心朋友。辅导员的主要工作职责第三条明确规定:学风建设。熟悉了解学生所学专业的基本情况,激发学生学习兴趣,引导学生养成良好的学习习惯,掌握正确的学习方法。指导学生开展课外科技学术实践活动,营造浓厚学习氛围。2014年教育部颁布的《普通高等学校辅导员职业能力标准(暂行)》,对高校辅导员队伍提出了"以献身教育事业、引领学生思想和服务学生成长为己任"为职业守则之一。

通过10年跟踪59名学生样本,并与59名学生家长和任课教师2 000多次电话、微信、面谈沟通,在整理工作台账中发现:造成学生被"约谈"最主要的原因是学生的沉迷于网络(主要是网络游戏),自我控制能力差(69.49%);其次是学习没有目标,无学习动力(44.07%);再次,学习方法不对路,主要靠考前突击(38.98%);对专业无兴趣,不知道将来干什么(33.90%);有些同学认为大学考试很"水",考前刷刷题就OK,这个比例还不低,占比28.81%(包括部分绩点比较高的同学);有13.56%的大学生在学习上遇到难题时,耻于找老师、同学请教,不知道如何解决;还有同学认为是由于上海大学的选课制造成的(11.86%);也有学生认为任课教师上课不走心,课程很无聊,没有兴趣学(10.17%);心理问题也是导致被"约谈"的原因之一。

二、具体方法与实践

第一圈层:辅导员的工作对象是大学生,辅导员是学生的最亲密陪伴者,对大学生的成长起着积极的"导引"作用,从这一角度而言,辅导员工作是一份"技术活";而且大多数辅导员比较年轻,陪伴大学生度过成长成才中的关键四年,是学生的朋友,他们对大学生寻找解决问题的有效途径、培养独立意识和健全人格产生重要影响,因此,辅导员工作也是一份"良心活"。辅导员必须把握好学生工作的度,有所为有所不为,既不能万事包办,亦不能撒手不管,在师生之间形成规则和边界,构建第一圈层的亦师亦友"师生共同体"关系。在学习、生活、工作中保持有效互动,逐渐形成你中有我、我中有你,同学习、共成长的良好师生关系。

第二圈层:大学生刚步入大学校园,一切都是欣欣然的样子,苦读十多年,终于踏进大学门,很容易产生"歇歇脚、松松劲"的想法,但都说确立学习目标要及时,可如何帮助新生确立学习目标呢?刚入学的大学生,大部分还是懵懵懂懂的,对大学生活充满憧憬与期待,每一位大学生的背后都有一个家庭在默默关心和支持,学生家长更是寄予很多期许,高校辅导员,作为大学生大学阶段第一位老师,是接下来大学生成长成才的人生导师和健康生活的知心朋友,责任重大。所以,辅导员必须在学生入学后及时构建学风建设第二圈层:即学生本人、学生家长、辅导员。三者利用新生入学报到见面会、家长会、微信群等多种渠道和沟通方式,充分沟通,相互倾听,各自表达想法,信息深入交流,在充分尊重学生本人志向,结合家庭情况的基础上,共商"学习目标"。

第三圈层:大学学习虽说以自主学习为主,但俗话说"一个篱笆三个桩,一个好汉三个帮",大学学习也需要引路人。这些引路人以高一届的学长学姐也就是常言说的朋辈导师为主,朋辈导师作为"过来人",熟悉学校情况、熟悉老师、熟悉考试、熟悉专业,大学生在学业上保持与朋辈导师的联系,在很多方面可以少走弯路,避开误区,顺利达成学业目标,增强学习信心,往往能起到事半功倍的效果。更重要的还有全程导师,全程导师主要担负着学业指导的工作职责,全程导师作为某个领域的专家学者,在专业学习上比较权威,学生最信任全程导师的学业指导和引导,这样,可以帮助大学生尽快缩短读书迷茫期,坚定"学习目标"。在朋辈导师和全程导师的帮助下,大学生可以很快地适应大学的学习节奏和学习方式,树立学习自信心。总之,在辅导员的推荐和推动的帮助下,辅导员与朋辈导师、全程导师一道共建"学业引导队伍",构建学风建设第三圈层,帮助大学生顺利度过学习迷茫期。

第四圈层:学生生活园区是大学生学习生活的重要场所,大学生在学生园区的表现是其学习状况的晴雨表,直接反映着大学生真实的学习状态,那谁最了解大学生们在寝室的学习、生活状态呢?莫过于宿舍管理员老师和班级学生干部,所以,辅导员一定要牢牢抓住这两支队伍,抓牢了,辅导员就如同多了两只"耳朵"和一双"眼睛",这样才能耳聪目明,时刻掌握学生的动态,做到心中有数,并能及时干预,做到防患于未然。学生一旦过着"黑白颠倒"的混乱生活,辅导员必须马上了解情况,及时介入,并通过家长深入了解家庭状态是否发生变故,也让家长及时干预,共筑异常情况"干涉网",强化多方协同,做好"穿针引线",精心编织育人合作网,聚合多方育人力量,建立由辅导员、宿舍管理员、学生骨干、学生家长、全程导师组建"五位一体"第四圈层的共管"学习过程"的管理队伍。辅导员与宿舍管理员保持沟通,经常深入生活园区,召开班干部座谈会,及时掌握学生真实学习状态,通过"过程化管理"帮助大学生适时调整学习目标和学习状态,发现问题,及时纠偏。

第五圈层:发挥辅导员在育人力量中的"总协调"作用,以辅导员队伍建设带动全员育人队伍发展,推进"全员育人"落地落实落细,促进育人力量"同频共振",实现同心同向同行。辅导员要加大与思想理论课程教师与专业课程教师的第一课堂的合作力度,加强与团委等组织的志愿服务等实践第二课堂的融合,增强企事业单位等社会第三课堂的协同,助推第一课堂与第二课堂、第三课堂同向同行,形成任课教师、行政人员、社会力量协同育人新模式,助力学生多维素养的培养贯通,同步实现学生价值塑造和能力培养。辅导员深入了解学生差异化个性特征和多样化现实需求,见人见事,精准开展学习目标管理,做到精准"浇灌"、因材施教。

三、达成目标与成效

辅导员将尊重学生主体地位与发挥教师主导作用相统一,既发挥辅导员在学生成长过程中"陪伴""引导""协同"作用,又注重不同教育主体对学生的"教化""启迪"功能,以"精准"工作方法实现对学生学业"定制化"引领。通过辅导员的牵引作业,构建由学生本人、朋辈导生、辅导员、任课教师、社会力量组成的"五圈层"力量,共推"学业质量"的多方协同和精准滴灌的学风建设新生态。

通过"五圈层"生态圈工作法多年实践,总结得出13条学风建设策略,分别为:1. 新生导引;2. 基础课程辅导;3. 课程答疑坊;4. 一对一咨询工作坊;5. 首日教育讲堂;6. 校友论坛;7. 专业教育;8. 优秀本科生计划;9. 导师沙龙;10. 本科生学术论坛;11. 大数据运用;12. 学业跟踪;13. 案例库建设。由于学生需求差别,对应的学风建设策略亦有分别,学困生偏重于策略1、2、3、4、11、12、13;直研考研学生偏重于策略1、4、5、6、7、9、10;出国深造学生偏重于策略1、4、5、6、9、13;择业就业学生指导偏向于策略1、5、6、7、11;专业选择学生培养偏重于策略1、4、8、9、11;优秀生培养偏重于策略1、3、4、5、6、7、9、10、13。

学风建设"催化剂式"工作法

生命科学学院　朱晓青

辅导员的九大岗位职责之一就是学风建设,要熟悉了解学生所学专业的基本情况,激发学生学习兴趣,引导学生养成良好的学习习惯,掌握正确的学习方法,鼓励学生参与课外科技学术实践活动,营造浓厚的学习氛围。在对大学生思想政治教育和日常管理的过程中,辅导员作为学风建设的主要组织者和指导者,在学风建设方面有其独到的优势和不可替代的作用。

一、工作背景与问题

习近平总书记在全国高校思想政治工作会议上指出:"要坚持不懈培育优良校风和学风,使高校发展做到治理有方、管理到位、风清气正。"学风建设是大学校园里永恒的主题,良好的学风能够激发学生积极向上的精神面貌,激励学生奋发努力、不断攀登新高峰。

(一) 大学生快速适应新阶段的需要

学生从高中进入大学阶段,学习节奏发生了很大的变化,在自我管理、自主学习等方面都面临着不小的挑战,尤其是理科学生,课程难度比较大,从大学生活的适应到大学生涯的规划,辅导员在这当中都起到了重要的引导作用。因此,在学风建设方面,生命科学学院一直在探索着学生的个性化指导。

(二) 大学生成长成才合力育人的需要

大学学风建设离不开教、管、学几个方面,学生的成长成才离不开辅导员、导师、任课教师和学校各个部门的协同作用。学风建设贯穿于整个学生事务管理中,不同类型学生的特质不同,学生不同时期的教育重点不同,如何做好各个方面资源的整合,发挥合力作用,更好地促进学生成长成才,也是辅导员需要思考和努力的。

二、具体方法与实践

辅导员在学风建设的过程中,发挥的作用就像正催化剂一样,可以降低活化能,加快化学反应速率。他们可以拉近同学之间、师生之间的距离,提高学生活跃程度,加快大学生适应与成长的效率。但一种催化剂并非对所有反应都起作用,根据不同反应类型或不同反应阶段需使用不同的催化剂,也就是要根据不同阶段、不同特质的学生使用不同的方法,分层分类,因材施教。

(一)提高学生自我成长的"反应速率"

做学生自我提升的"催化剂",对学生进行分层次、分类型培养,因材施教,发掘学生的闪光点,激发学生的内在动力和求知欲,树立明确的学习目标。辅导员必须熟悉每一位学生,通过平时的谈话谈心、深入学生,掌握学生具体情况及特点,建立学生数据库。通过组织专业社团活动、学长论坛、学习经验交流、教授讲座等活动营造浓厚的学习氛围。对于学习成绩优秀的学生,鼓励他们提前进入实验室参与课题研究,参加各类学科竞赛,激发考研和科研热情。对于学生干部,指导他们如何把握好学习和工作的关系,树立远大的目标。对于中间层次学生,指导他们尽早确立目标并为之努力,需要找工作或立志考研的,引导他们在认清自身优势和不足之后,有针对性地做好学习发展计划。对于学习困难的学生,辅导员要定期与家长和任课老师沟通,了解学生在家里和课堂的情况,关注他们在寝室的表现,根据需要可以安排成绩优秀学生开展一对一辅导,帮助他们树立学习自信心。

(二)提升师生互动的活跃度与有效性

做师生教学相长的"催化剂",多听取学生的心声,勤走近教师的身边,做好信息匹配,促进合力育人效力提升。上海大学在本科生阶段实施全程导师制,在某种意义上,辅导员担任起了师生沟通的桥梁。辅导员在大学生的日常管理与教育中,对学生的各类情况的掌握比较全面,而相比较学生而言,辅导员对所在学院、学校的师资情况的了解也比学生多，因此在学风建设过程中，辅导员要学会借力，整合各类资源，助力学生成长成才和个性化指导。辅导员要明确与班导师角色定位的异与同，在专业学习指导、学习生涯规划上多借力于班导师，携手做好大学生思政教育与学风建设。辅导员要了解掌握所在专业教师的研究方向与特长，有能力给学生专业发展引荐导师，在学生的科创、深造等方面给予学生个性化指导。在导师和学生的双向选择中，辅导员提前向学生发布老师们的科研方向，鼓励学生与老师联系沟通，经过两周的互相了解，最终确定师生结对名单。在这个双向选择的过程中，辅导员鼓励学生走近老师、学会与老师沟通。辅导员还要常与任课老师沟通，了解学生课堂学风，反馈学生整体情况及各类重点关注问题，组织学习交流会，创造师生互动的机会。

（三）优化学生全面发展的外部因素

做大学生全面发展的"催化剂"，搭建平台，优化学生成长大环境。环境是人才培养的重要条件，辅导员作为大学生健康成长的引路人，不仅要能够激发学生的学习热情，还要能够搭建学生成长的舞台，营造良好学习氛围。在多年的学生工作经验中，凝练出具有学科专业特色的学生培养舞台。

1. 搭建科创平台，引领学术院风

整合"科学实践"和"创新实践"等课程资源，结合大学生"三创"活动，以大学生创新创业训练计划项目为切入点，实施本科生学术导师制，鼓励学生尽早进入课题组开展科学研究，通过学术训练和科创活动，不断激发学生的创新意识，培养科学精神。本科生创新活动月、大学生创新论坛在学院内形成"导师带动，学工推动，学生能动"的浓厚学术氛围，构建了良好院风、学风。

2. 夯实主题教育，构建向上班风

以学风建设为抓手，以班风建设为重点，引导学生蓬勃向上、积极进取、勤奋学习。每年召开"表彰大会"，树立榜样学习氛围，设立"专业分流奖学金""学业进步奖"等诸多鼓励措施，激励学生在学习道路上树立信心，激发学生专业学习热情。辅导员指导班团组织开展主题团日活动、卓越班集体创建，打造优良班风学风。院团委学生会、各学生社团举办丰富多彩的校园文化活动，每年在五四青年节、钱伟长校长诞辰周年纪念日、校庆日、新生季、毕业季等代表性的时间节点开展爱国荣校教育,引导青年大学生做中华民族传统美德和良好社会风尚的传承者、社会主义道德规范的实践者。

3.打造育人品牌,传承生命文化

发挥专业优势,逐渐打造出三大志愿服务品牌项目,并以此为依托培养学生责任意识和奉献精神,每一个项目都有辅导员作为指导老师全程跟进,悉心指导。造血干细胞捐献志愿者招募项目每年组织上海大学造血干细胞捐献入库活动、志愿者回访以及"骨髓捐献知识入班宣讲"活动等。蒲公英青春同伴健康教育项目,在社会资源的支持下,开展以青春健康与性教育以及艾滋病预防为主题的同伴教育活动,活跃在大学校园、社区和中小学等。"海豚行动"脑瘫患儿康复陪伴志愿服务项目,定期组织大学生为脑瘫患儿开展康复陪伴、互动活动。

三、达成目标与成效

在学风建设中,人人都是主体。学生要刻苦学习、增强本领、锤炼品性,努力实现德智体美劳全面发展。教师要坚持以教书育人为首要职责,自觉担负起学生成长道路上的引路人。辅导员作为大学生日常教育管理的主要实施者,最能够在了解每个学生特质的基础上进行有针对性的引导,发挥出"催化剂"的作用,帮助学生更好的发展。

(一)抓两头促中间学风建设显成效

近几年来,生命科学学院本科生按时毕业率都在逐渐提升,每届毕业生都有直研到中科院、复旦、浙大、同济等国内知名院校深造的。近五年中,学院本科生几乎每年都有获宝钢奖学金、校长奖学金的。

(二)创新人才培养成果显著

学院本科生中,有近一半的学生利用课余时间,在实验室跟随老师开展课题项目。学院在连续四届全国"挑战杯"中分别获全国特等奖、全国二等奖等奖项。每年学校本科生学术论坛中,生命科学学院学生参与度广、投稿质量高、获奖数量多。学院本科生获2018年中国青少年科技创新奖,是新上海大学组建以来首位获此殊荣的本科生。

(三)学生家国情怀得到升华

在学院培养具有家国情怀的创新人才目标的引领下,学生大爱精神得到激发,三大学生品牌志愿服务项目获得多次市级先进项目、先进社团以及上海市五四青年奖章。近几年,学院每年都有毕业生应征入伍,或参加西藏、新疆专项支教等活动,或赴中西部就业。

学风建设工作是一件久久为功的事,需要常抓不懈,辅导员在抓学风建设的过程中,要与思想建设相结合,要将它贯穿在学生日常事务管理中,把学风建设做在平时,在良好的学习氛围和环境下,才能让学生内化于心、外化于行,努力形成勤学、善学、好学、乐学的优良学风。

成才训练营分层分类工作法

社区学院　张　红

自从2011年上海大学实行大类招生和通识教育以来,社区学院作为教育教学改革的试验田,新生按大类进入社区学院学习和生活。

社区学院成立至今,一直把学风建设作为重要学生工作来抓。各大类结合新生特点,为学生的自主学习搭建了重要平台,创造性地开展了"大学问与答""通识N次方""乐学苑""SHU友会"等课外培养品牌活动,对促进学生自主学习能力的培养起到了积极促进作用;同时,充分发挥新生的主体作用,根据学生的兴趣、特长,成立兴趣小组、成长小组或小型学习团队,如"studytogether"互助学习小组、"乐知坊"学习小站等,利用周末相聚在图书馆、自习室、食堂等场所,联手攻克高等数学、大学物理、大学英语、计算机等科目的疑难问题。但是,小部分同学由于基础薄弱、学习方法存在问题、自我管理能力较差和学习上投入不够等原因,课程出现不及格甚至拿到试读警告。社区学院2013年成立课外培养中心,有一支专门的辅导员团队深耕课外培养,2014年推出成才训练营学习提升项目,对困难学生进行有针对性的帮扶,并取得了一定的成效。同时,也针对每学年学生的实际情况,创造性地开展工作。

一、工作背景与问题

成才训练营旨在为有学习意愿的新生提供优质资源与个性辅导,引导新生形成良好的学习习惯与有效学习方法,从而整体提升新生的学业水平。课外培养中心辅导员团队通过资源整合,对学生共性问题统一配置资源,分类解决个性问题,充分借力理学院基础课程教师力量,发挥各学工组辅导员的谈心辅导作用,由课外培养中心统一策划学业提升课外培养项目,统筹管理、实时跟踪、分析调整,促进学生学业成绩提升。

二、具体方法与实践

针对成才训练营成员的特点和不同需求,课外培养中心开设两个训练营,成才训练营Ⅰ营解决学生基础薄弱的问题,成才训练营Ⅱ营满足学生学业提升的需求。

(一)成才训练营(Ⅰ营,基础营)

主要针对微积分等重要基础课程不及格、但有强烈学习意愿的学生。成才训练营Ⅰ营分别从良好学习方法、习惯习得,邀请优质教师进行针对性的授课答疑,配备导师加强管理等方面开展工作,每年约有150个学员参与该项目。

1. 习得良好的学习方法、习惯

(1)时间管理团体辅导

针对训练营成员普遍存在的时间管理问题,邀请心理辅导中心资深教师进行时间管理辅导。就如何解决拖延的问题进行探讨,教授学生时间管理的技巧,带领大家学会合理地规划和分配时间。为学生提供定制的时间管理手册,帮助学生做好每日计划。

(2)固定自习与答疑

为帮助学生养成良好的自习习惯,成才训练营Ⅰ营的学生每周需在学院四楼自习室进行2—3次自习,由成才训练营的助理们负责签到汇总。另外建立了成员小班群,基础课授课老师也在群里随时为学生答疑解惑。

(3)小导师结对

来自理学院、计算机学院、社区学院以及学盟社的小导师们与成才训练营Ⅰ营的学生结对,每周进行至少2小时的自习与交流。或是讲解题型方法,或是交流学习经验,或是结伴自习,小导师们尽己所能地帮助学生提高学习成绩。同时,学风结对不止于线下,当学生在日常学习中遇到困难,只要拍照上传题目,小导师们也会随时答疑解惑。

2. 邀请优质教师进行针对性授课

针对成才训练营学员的学习现状,有针对性地开展课程回顾与复习。聘请深受学生喜爱、教学水平较高的专任教师对学生欠缺的知识点进行适时补充。

3. 学院领导担任班主任，加强他律

为便于沟通、交流和管理，成才训练营Ⅰ营的学生被随机分成5个小班，建立班级微信联络群的同时，学院领导班子分别担任各班班主任，以面对面或是线上班会的形式与学生展开交流，了解学生的个人情况，并提出个性化建议。日常生活中，班主任们也会及时推送优质学习方法、校内学习资讯等信息指导学生的学习生活。

（二）成才训练营（Ⅱ营，拔高营）

主要针对需要巩固基础、提高成绩的学生，通过线上微积分基础课的学习，以及组建学习群并进行自习打卡的方式进行培养。学生通过群内的自习小程序进行打卡，一周至少打卡5天。成长训练营Ⅱ营每年有近400名学生，学生通过线上基础课程学习和自主自习打卡提高学习效率和学习能力。

三、达成目标与成效

成才训练营的学生成绩排名均有显著提升。以某学年为例，成才训练营Ⅰ营，69.17%的学生排名较上一学期有所提高，平均进步名次为247名，说明经过一个学期成才训练营的指导与督促，大部分学生在学习上取得了一定程度的进步。排名进步超500名的有14人，其中，最高进步名次为1 093名。成才训练营Ⅱ营，61.38%的学生排名有所提升，平均进步名次为336名，排名进步超500名次的有64人，其中，最高进步名次为1 429名。

"3+3"内外双驱学业发展工作法

理学院　姚颖冲

党的十八大以来,以习近平同志为核心的党中央高度重视教育工作,把教育摆在优先发展战略地位,对教育工作提出了一系列富有创见的新理念新思想新观点。全国高校思想政治工作会议上,习近平总书记指出:"一所高校的校风和学风,犹如阳光和空气决定万物生长一样,直接影响着学生学习成长。好的校风和学风,能够为学生学习成长营造好气候,创造好生态,思想政治工作就能润物无声地给学生以人生启迪、智慧光芒、精神力量。教师要精心从教、学生要精心学习,通过学问提升境界,通过读书学习升华气质,以学养人、治心养性。学习是学生的主要任务,学习过程也是学生锤炼心志的过程,学生的不少品行要在学习中形成。好校风、好学风来自师生共同努力,而其基础在于学校办学方向和治理水平。"这一重要论述指明了学风的重要性和重大意义。

一、工作背景与问题

对于大学生来说,学业是大学生活的重中之重,并与成长过程中遇到的各种问题密切相关,学业困难对于大学生的身心健康及全面发展均会带来严重影响。此外,当前社会环境复杂多变,学生的成长需求也呈现出日益多元的发展趋势,由此,如何在落实立德树人根本任务的基础之上,提高学生学习能力,培养能够满足当前经济社会高速发展需求的高素质人才,培养社会主义事业的建设者和接班人,成为新时期高校学生工作的重要课题。

优良学风的培育是一个长期的过程,目前高校中存在学生生涯规划缺乏、学习目标缺失、学习动力严重不足、学习方法跟不上、学习节奏不适应、学习纪律松散、学习习惯不佳、学习成绩不理想、考纪考风不严谨等学风松散现象。针对这一情况和现象,辅导员要深挖根源、找准问题,探索优良学风培育的有效途径和方式,切实提升高校优良学风。

二、具体方法与实践

长期以来,针对不同阶段、不同学业状态的学生群体,理学院辅导员形成了"三引擎"+"三阶段"即"3+3"内外双驱学业发展工作法。通过专业教师、朋辈社团、学术竞赛三大引擎带动,以激发学习兴趣形成自主前行内驱力,以开阔视野打造更高学术平台的氛围带动外驱力,内外双驱使学生从想到能,再从能到要,历经三阶段,让学生对学业本身逐渐形成有兴趣、有信心、有期待的求学状态。

（一）三架引擎全力启动,外驱提速助力发展

1. 师资——挖掘专业教师资源,推进全程导师制

在本科生班导师配备的基础之上,根据不同年级不同学业状态的学生群体需求,量身定制励志导师、学业导师、科研导师三类专业性导师,使导师人人有、时时有、事事有。

低年级学生主要匹配励志导师、学业导师,侧重于学生学习习惯养成和学业成绩提升,解决专业学习的前端问题,学生与学业导师的日常互动完成情况将持续记录,直接与毕业设计相挂钩。高年级匹配科研导师主要负责学生参与创新项目申请、各类学科竞赛指导、学生提前进实验室等,满足学生高水平学习需求。

全程考核记录保障全员导师制全面推开,导师学生双向互选,通过《导师制记录卡》进行常规学术指导记录,同时匹配学生学业发展趋势,对导师制进行过程考核,每学年进行导师制奖励和展示表彰。

2. 朋辈——挖掘朋辈资源,鼓励学生互助激励、互助服务、互助提升

依托学术社团,提升专业认同度。依托数模社、学盟社、格物社、化学进阶社、化学趣味俱乐部等学术社团,通过开展专业相关的特色活动,分层分类把学生组织起来。通过大学生数模竞赛、大学物理竞赛、华东地区物理竞赛、化学"一站到底"等各类学科竞赛平台,使更多学生能够主动参与相关课题项

目,对学生的专业兴趣培养和引导起到了积极的作用。

扩大明星社团影响力,打造朋辈辅导品牌项目。以学盟社为例,学盟社聚焦基础课程内容学习,一直面向全校本科生提供课程辅导、课后答疑等服务,通过定时定点线下答疑累积了一批"学术"粉丝,解决了部分怯于与授课老师沟通学生的学业难题。此外,近乎24小时时刻在线答疑的千人学业提升群,使学盟社成为朋辈辅导界的"全家便利店",见证了一波又一波学生从提问者到答疑者的身份转变。

学盟社还开启B站直播账号,上线学盟微课堂、学盟云自习等云辅导项目,得到广大学生的关注和好评,将良好的学习氛围从线下延伸到线上,朋辈社团的影响力不断扩大。

建立学委联盟,开展专业学习互助项目。针对各系各专业不同专业课程的学业帮扶,尝试以系、班级学习委员为主导,建立学委联盟,请专业基础扎实的学生以直播或者录播的形式帮助大家夯实专业课程,通过内容讲解、例题解析和问答互动三个环节营造共同学习的氛围。同时,邀请专业教师开展内容指导。学委联盟的建立,使学生和老师之间信息沟通更加顺畅。

3. 平台——挖掘平台资源,为理想青年打造理想舞台

第一是搭建创新实践、实验活动、科研竞赛平台。通过创新项目、"挑战杯"、本科生学术论坛、各学科竞赛等大型竞赛活动,开展科研预选,推进全程育人,使竞赛育人常态化。第二是打造具有学院专业特色的线上学习互动平台,将各类资源整合汇总,通过B站直播间和微信公众号这两个渠道,使学业促进项目的开展不因时空而中断,从线下到线上,既给优秀学生搭建展示自我的平台,又保障特殊时期学生的学习需求得以满足。

(二)三大阶段全员覆盖,内驱升级理想逐梦

1. 有兴趣——营造学术氛围,让学生对学业发展有想法

通过创新项目、"挑战杯"、各学科竞赛等大型竞赛活动,营造"学、研、赛"的学术氛围,使学业发展、科研提升、学术研究不再是学生遥不可及的枯燥概念,而是每个人都可以参与、经历的平常事。

通过提前进实验室、创新实践平台等方式,开展科研预选,推进竞赛育人常态化,使有兴趣的本科生直接参与科研项目,和研究生一样进行专业科研探索,将学生的专业进一步与实践相结合,提前进行专业科研能力训练,实现专

业素养的全面提升。

每年暑期,举办"学院杯"数模比赛,除了集中进行数模比赛的基础培训,朋辈辅导、专业教师指导也一一就位,为初涉竞赛的低年级学生做好支撑和保障,鼓励学生利用假期时间组队以当年数模赛事真题进行实战演练,既能为日后真实的比赛积累经验,又能在科研实战当中提升学术兴趣。

2. 有信心——夯实专业基础,让学生在发展路上有保障

通过定期举办"导师日"等系列活动,促进专业教师之间的交流,对于如何做导师、如何做好导师这两个问题展开深入探讨,教学相长为学业指导保驾护航。

全方位排摸百名导师个性特征、专业特长,形成导师个人专长特征图谱,力求针对学生的不同需求进行精准匹配,对于每个有科研理想、学术诉求的学生,学院都以充沛的师资进行支持,使学生在面对科研难题时不慌张、不怯场,在学业发展路上有信心有保障。

3. 有期待——搭建高水平平台,让学生在科研路上有理想

通过打造专业学术论坛,提供一流科研盛会沉浸式体验。邀请专业课教师组成论坛组织工作组,根据顶尖国际科研会议细化学术论坛的会议议程,形成各专业的专属工作手册,借鉴各大学术论坛的专业评审机制,构建适合本科生的专属评审方案。

关注各项会议细节,如选手提交材料的各项时间节点严格把控,成果展示要求正装出席,分享时间精确到秒,场内观摩禁止随意走动等。

邀请业内专家、行业内大咖加盟,为学生提供和领域内顶尖学者一对一交流的机会,使学生提前获得顶尖科研交流的沉浸式体验。

三、达成目标与成效

"3+3"内外双驱学业发展工作法的实践探索旨在为本科生切实解决学业难题、缓解学业压力的同时提供学术交流的良机,营造浓厚的学业提升氛围,激发本科生学术创新意识,搭建本科生高水平学术交流平台,加快培养敢于创新、勇于实践、追求卓越的一流人才,建设一流本科教育。

近三年来,理学院学生参加各类学科竞赛并取得骄人成绩,获国家级、市级、校级奖项逾千人次,中国大学生创业计划竞赛冲进决赛,获得市赛金奖1项,银奖2项,国赛银奖1项。同时,获得试读警告的学困生比例逐年递减。

未来,学院辅导员将更加紧密地结合专业特色、用好一流学科资源、对接好学校创新实践大赛和创新创业工作,在夯实学科教育的基础之上加大本科生开展学术提升投入,全力提升创新型人才培养质量。进一步开拓本科生学科视野,促进本科生的学业交流,提高本科生科学素养,鼓舞本科生的科研热情。

打造学生学业支持共同体的"三三制"工作法

机电工程与自动化学院 高红梅

面对新时代本科教育的新要求,深入学习贯彻全国教育大会和新时代全国高等学校本科教育工作会议精神,坚持"以本为本",聚焦一流本科教育,着力培养优良学风,大力开展学风建设活动,打造学生学业支持共同体。辅导员的九大岗位职责之一就是学风建设,辅导员应从学生普遍面临的学习适应和专业发展出发,激发学生学习兴趣,整合学习资源,养成良好学习习惯,营造良好学风氛围。通过探索"三支团队"力量,整合"三个平台"搭建,建好"三个智库",探索构建整合资源一体化的学业支持共同体,助力学生的学业发展。

一、工作背景与问题

围绕学生普遍面临的学习适应性和专业发展性等学习类问题,通过发动朋辈力量,以学生为核心整合资源,从而搭建解决学困生学业帮扶,以及学优生科创实践的学业支持平台,共同创造优良学风促进学生成长成才,提升学生的学业成就。

基于学生的需求,发动学生中的优秀朋辈搭建学业平台,整合学习委员和各年级朋辈导师力量,围绕"以学生的学业为中心,以学生需求为导向,以学生的学业发展为根本"这条主线,积极整合资源、统筹协调,创新学风建设的组织和机制,探索"三支团队""三个平台""三个智库""三个融合"的整合资源工作法,通过朋辈的力量将学业帮扶、学业互助、科创实践等功能辐射到每个班级,通过对接学生的"需求清单",盘活学生学业促进"一盘棋",形成资源共享一体化的学业支持共同体。

二、具体方法与实践

(一)以朋辈为核心,打造三支学生"团队",为学业支持平台聚力

1. 组建学业平台运营团队"共同体"

招募学有余力且乐于助人的学生,形成制度完善、自主运转的学生团队,能够根据自身和其他团队成员的特点,围绕学业、科创、发展等学生的相关需求开展相应活动。在辅导员和高年级学生的指导下,形成自我管理、自我服务的操作体系,在组织、服务学生的过程中也提升了自身的综合能力,成为优秀学生的孵化场。同时整合学习委员团队和朋辈导师团队,组建学业支持团队的共同体。

2. 打造学习委员"超链接"

聚集班级学习委员力量,使学习委员成为链接学生需求和学业资源的链接器,汇集班中学生需求并与学业平台教师、朋辈资源进行对接,构建学生学业互助、科创兴趣小组的"组织网",形成覆盖每个班级的学业促进网络。

3. 形成朋辈导师"大联盟"

召集校友、各年级优秀学长、朋辈,形成优秀朋辈学业导师库、朋辈科创导师库和朋辈发展导师库,将优秀朋辈聚集起来,有效整合利用资源,定制朋辈互助文化,为学困生提供学业帮扶,为学优生提供科创实践资源。

(二)对接学生需求,打造三个"模型",为学业支持平台强基

1. 搭建学业帮扶金字塔模型,重视过程帮扶,努力降低延毕率

围绕辅导员工作量最大的学困生群体,根据学业预警机制将学业困难学生的学习程度进行分类,并采取相应措施,形成学业帮扶的金字塔模型。位于金字塔尖的学业重度困难学生由朋辈学业导师一对一结对,辅导员重点跟踪,并与心理老师进行协同合作。位于金字塔中部的学业中度困难学生,通过学习委员组建学习小组实施"小伙伴计划",通过过程跟进、日常督促,帮助学困生脱困,重在从过程层面,帮助受到试读警告的学生解决日常难题,形成学习习惯。对于学业初级困难和广大的普通学生而言,重在考

前的答疑和辅导,通过朋辈学业导师或邀请任课教师提供线上的答疑和辅导,形成一个多线程、全方位帮扶机制,涵盖线上、线下、考前和平时的学业帮扶模型。

2. 形成创新人才培养模型,重视朋辈反哺,培养拔尖人才

对于学有余力的学生,通过朋辈团队形成四个类别的科创活动清单,分别是科创菜鸟、科创新手、科创老手、科创达人,通过朋辈团队和班委团队一一对接给相应学生,重视朋辈的反哺,从而形成创新人才培养的丰厚土壤。比如针对科创菜鸟的适应性和体验性活动、专业初体验、实验室参观、企业参观等,通过体验增加专业适应和科创兴趣;针对科创新手的软件培训、竞赛辅导班和兴趣小组,朋辈带领、帮助他们进一步深入科创;对于有一定经验的科创老手,提供相应的竞赛信息和团队项目,争取有所斩获;对接科创达人,进一步对接老师的科创项目,促进拔尖人才的培养。

3. 共建学业支持线上线下阵地,联动师生校企资源,形成良好学风

充分发挥朋辈的中心合力作用,整合学院、各年级、专业导师、实验室等教育资源,建立线上平台"上大机自SSD",将导师、项目、学业资源融入其中,提供"菜单式"服务,为广大师生提供学业活动、项目信息和资源介绍,形成良好的学风。

(三)整合师生资源,完善三类学业"智库",为学业支持平台蓄能

1. 汇集导师资源,形成导师库

以数据库的思维形成各类数据,积累资源,形成保障。通过导师采访、TED、科创竞赛等活动汇集相关老师信息,形成系列记录,汇成科创、学术各类导师库,为学生提供师资保障。

2. 聚集朋辈力量,形成朋辈库

就学生关注的学业学习、生涯规划、科创实践、职业技能等相关需求形成"朋辈优秀学长库""校友导师库"和"同辈牛人库"等多个朋辈资源库,为开展访谈、工作坊、讲座等系列活动提供人员保障。

3. 集成多元资料,形成资源库

根据学生需求的资源,形成"学业资料库""牛人笔记库"和各种"干货分享库",通过各种数据库建设的积累,最终形成学院人力资源和学术资源数据的收集、存储和分享机制,让资源逐渐积累,实现代际传承。

（四）强化"三个融合"，形成学业支持平台协同新机制

1. 以供需引导促师生融合，实现师生科创资源有机整合

通过定位于优秀学生科研能力的机制，朋辈主动整合分散的科创资源、活动资源，如邀请教师讲座的"机自TED""导师采访"等以及组织招募本科生进实验室的"优秀本科生科创培养计划"，形成教师和学生互通资源的教育市场，使供需双方能够面对面，互相选择，改变了以往师生之间、科创资源之间供需不对等的窘境，实现师生资源的有机融合。

2. 以强弱互补促朋辈融合，搭建线上线下学习交流平台

以朋辈互助的方式，将年级层面学业优秀且乐于助人的学生集中起来为大家服务。一方面让学业优势学生与学业弱势学生进行对接，优势互补，解决了学困生学业帮扶问题；另一方面通过一对一结对和"相约周五"等多种结对和学习交流方式，让学生实现助人自助，倡导良好的学习氛围。成绩优异的学生也能通过讲授知识和分享答疑，提高自身学习深度，培养综合能力。通过微信公共号、QQ群将线上平台与线下活动相结合，促进朋辈融合互助。

3. 用竞赛辅导促教学学工融合，实现广泛协同促进双赢

以竞赛辅导为切入口，增强教学学工的双向合作，实现双赢效果。一方面通过竞赛辅导扩大竞赛参与范围，更多学生通过参与竞赛辅导，习得技能、锻炼能力。另一方面，院级学生竞赛的筛选选拔，让更多学生能够脱颖而出，获得参加国家、市级竞赛机会。进而在学生中形成良性学习氛围，带动更多学生参与竞赛辅导和比赛，为创新创业人才的培养奠定基础。

三、达成目标与成效

"三三制"工作法使辅导员精准了解学生需求，通过组建团队、搭建平台、形成智库等载体，开展多样活动形成如"小伙伴计划""学业小讲师""机自TED""科创训练计划"等品牌项目，进而构建学业育人共同体，从而实现全员、全程、全方位育人，助力学生的学业发展和创新能力提升，进而提升学校人才培养的质量。

通过组建"三个团队"，从以学生为中心入手，构建了以学生需求为核心，"朋辈互助"的促进网络，形成"学业中心—学习委员—朋辈导师"学业促进

团队，让学风建设在全学院各班级全方位覆盖，形成了良好的学风。通过搭建"三个平台"坚持条块联合、上下衔接、左右联动，为学生学风建设、学业发展的推进提升力度，增强了学生学业平台建设的合力和活力。通过形成三类学业智库，以为学生学业活动提供智力资本为目标，推进导师、学长、校友、朋辈等多元主体进行有机整合，以大数据思维为学业支持平台储备能量。通过上述"三个团队""三个平台"和"三类智库"的不断推进，进而实现三个融合，以打造学业支持平台增加各元素协同为目标，推进教师、学生、教学、学工等多元进行融合共建，实现学院学业支持平台的共同体。

大学生学风建设"八学"工作法

学生工作办公室　马成瑶

《普通高等学校辅导员队伍建设规定》中规定,学风建设是辅导员的九大工作职责之一。辅导员应从学生学业发展需求出发,激发学生学习兴趣,引导学生养成良好的学习习惯,掌握正确的学习方法。指导学生开展课外科技学术实践活动,营造浓厚学习氛围。"规章治学、协同导学、交流善学、朋辈帮学、考勤督学、竞赛促学、标兵领学、优班带学",这"八学"是环境与化学工程学院辅导员加强学风建设、促进学生学业进步的一种综合性的工作方法。

一、工作背景与问题

学业发展需求是大学生在校期间的第一需求,帮助学业上有困难的学生调整学习方法、激发学习兴趣、养成良好的学习习惯,从而提高学习成绩,最终顺利毕业是每一名辅导员,特别是学业难度较大的理工科辅导员的"必修课",更是思政育人工作的"基本功"。因此,促进本科生学业进步,大幅降低学困生比例,营造良好的学习风气,让更多的学生能够顺利毕业、全面发展,成为辅导员的重要工作内容。

学业困难往往是由各种因素叠加而产生的显性结果,学生外显的学业困难多为综合问题的体现,学业困难学生不同程度上也会存在源自家庭、经济、身体及心理健康等方面的问题。深入了解、科学分析学生的学习困难成因和发展需求是做好学风建设工作的第一步。通过全覆盖的问卷调查、各种规模的座谈会以及学困生的个别访谈,分析得出学业困难成因大致分为学习适应不佳、学习动力不足、学业基础差以及身心健康问题这四大类因素,按照学困生的不同特点和问题,采取不同形式与侧重的教育引导才能更具实效。

二、具体方法与实践

为准确体现新时代大学生思想政治教育规律和学风建设规律,聚焦辅导员教育、管理、服务、协调工作职能,根据学业问题的不同成因推动"规章治学、协同导学、交流善学、朋辈帮学、考勤督学、竞赛促学、标兵领学、优班带学"这"八学"学风建设工作,并且始终将思想引领融入其中,实现学生学业和思想上的共同进步。

（一）在规章治学方面,制定学院《本科生学风建设提升方案》,成立学院学业发展指导中心

每学期期末考试后,发布学院整体学情分析报告,从整体情况、绩点分布、挂科情况、试读及退学情况四个方面分年级分专业进行分析,一方面让学生知晓所在年级所在专业的整体情况、自己本学期的大致排名以及挂科率较高的课程,另一方面让学院领导和任课教师知晓学生学习情况,保障后续学业指导工作有规可循、有章可依,更有针对性。

（二）在协同导学方面,辅导员在协同育人中主动作为,成为学生与导师之间双向互动的黏合剂

辅导员通过面向学生和面向导师的双向推荐,根据学生的需求和导师的特点,努力实现师生双向选择过程中的最佳匹配。辅导员主动向导师提供学生档案、学业成绩等基本信息,帮助导师全面了解学生,在此基础上为每一名导师匹配1—2名学生,让导师在学生学习的不同阶段能够更有针对性地进行指导,在学业规划、专业发展、科研探索以及品德素养等方面进行个性化辅导,更好地开展工作。

辅导员及时督促学生主动找导师交流,定期检查学生和导师的交流谈话表;同时,辅导员至少每学期主动和导师交流一次重点关注学生的情况,更好地关心和帮助学习有特殊需求的学生。

全程导师制实施以来,平均76%的学生和导师当面沟通,其中38%的学生

每学期和导师面谈两次以上。辅导员更好地协同专任教师参与到本科生思政教育和学业指导中,对学生的生涯规划和成绩提升起到很大作用,同时也有助于提高本科生的科研能力和水平。

(三)在交流善学方面,辅导员定期与学校、其他兄弟学院进行交流,学习优秀做法,转发各类活动信息,供学生选择

积极推广学校学业中心的课外辅导,此外,根据学生需求组织多次微积分辅导班,加强教学和学工的密切配合,教与学协同、课内外联动促进学生学业。

举行教学、学工以及与化学系教师的人才培养座谈会,针对挂科较为集中的课程建立线上学情交流群,及时了解学习情况,减少了因平时成绩不合格而挂科的现象。

聘请理学院专任教师作为特邀导师,针对"微积分"和"大学物理"等相对学习难度较大的公共基础课程展开学习辅导,协同做好学业指导工作。

(四)在朋辈帮学方面,聘请了十多位研一和大四的优秀学生参与结对帮扶的项目

两周一次的见面,充分发挥了朋辈的力量解答学生学业和发展的各方面问题。同时邀请数学系的朋辈导师讲解课后习题,每节课参与人数都有增加,"微积分"课程的挂科率有明显下降。

(五)在考勤督学方面,辅导员每学期都对本学期在读的试读学生进行课程表统计,利用课间下课堂进行学风督导

每学期与近50位任课老师与试读学生进行面对面交流,覆盖所有专业课以及部分基础课;针对试读学生向任课教师发放《致任课老师的一封信》,每学期收到30余次反馈信息。

(六)在竞赛促学方面,辅导员盘点梳理各类竞赛的时间节点、报名方式等信息,及时开展分享和动员

这些信息既包括"挑战杯"、"互联网+"、本科生学术论坛等覆盖所有专业的比赛,也包括全国大学生化工设计大赛、化工实验大赛、"垃圾投进趣"环

保创意大赛等有学院专业学科背景的比赛,让每一位学有余力的学生早做准备,这对动员组织学生起到非常好的效果。围绕"先量增后质变"的工作目标,鼓励学生积极参与。其中,2019年度"自强杯"校内赛,学院立项数量居全校第一。第二届本科生学术论坛投稿量全校排名第二。学院学生获全国大学生化工设计竞赛二等奖,也在全国"垃圾投进趣"环保创意大赛中取得全国第5名的历史最好成绩。

(七)在标兵领学方面,学院层面每年举办"环化之星"和学院奖学金的颁奖典礼,树立优生榜样

在每学期首日教育暨年级大会上公开表彰这些获奖学生和学业进步的学生。在毕业季,结合优秀毕业生的评选工作,在公众号发表系列推文,介绍优秀学长的大学成长故事,对低年级的学生起到引领的作用。

(八)在优班带学方面,将学风建设作为班级建设的核心工作,以创建优良班风促进学风建设,各班定期策划学习类活动

例如考试周"自习打卡",组织班级同学一起复习,营造良好的学习氛围。同时,根据新时代大学生的学习习惯,积极搭建学风建设的新媒体平台。"环化学业"微信系列推文以每学期三期的频率定期上线。针对学生需求,呈现了许多特色内容,涵盖了专业课知识点梳理、优秀学生采访、"学业工具箱"、课程逻辑思维导图、考试诚信教育等相关方面内容。

"八学"学风建设工作法在帮助学生提升学业成绩的同时,将思想引领融入其中。学生在规章治学中提升了规则意识,在朋辈帮学中培养了志愿精神,在优班带学中凝聚了团队力量。"八学"学风建设工作法助推学生全面发展,实现高校育人目标和使命。

三、达成目标与成效

"八学"学风建设工作法经过数年的实践探索,在学风建设、学业促进方面取得了一定的实际效果。以上海大学环境与化学工程学院为例,学院毕业生的延毕率从40%降至20%,试读期学生数下降30%,平均挂科率从43.7%降至33.7%,试读警告率从63.6%下降至16.3%。学困生比例呈现明显下降趋

势,学习风气持续向好。

　　大学生学风建设的实质是思想建设,是大学生学习过程中求知目的、治学态度、学习习惯等方面的思想作风与行为习惯的养成。学风建设实现以思想教育为先导,辅导员发挥思想政治教育过程中的学习引导作用,以学生为主体,激发学生的求知欲,发挥学生的自觉性。以"八学"为核心的学风建设工作法,实现了全员协同,聚焦学生学业问题,通过解决学业问题,帮助学生实现全面发展。

学业困难学生"四动"精准帮扶工作法

机电工程与自动化学院　张婧怡

习近平总书记强调,要全面贯彻党的教育方针,落实立德树人根本任务,全面提升高校人才培养能力。学业困难学生的人才培养工作是高校育人功能的一个重要组成部分,事关高校人才培养质量。

高校理工科学生学业困难问题引发广泛关注,学业困难学生的精准帮扶亟待开展。辅导员结合工作实际,在学业困难学生的精准帮扶中探索出"驱动、从动、联动、传动"的"四动"工作法。

一、工作背景与问题

发展教育事业,建设教育强国,对实现中华民族伟大复兴具有深远意义。大学生是新时代人才的中坚力量,高校是大学生聚集的地方,是人才培养的场所。

(一)理工科学生学业困难问题亟须解决

学业困难学生,通常指感官和智力水平均正常,但因为主客观因素的影响,学习成绩处于滞后状态,不能完成学校规定的培养计划内容,甚至影响正常毕业的大学生。

理工科学生因学业难度较大,因此较易产生学业困难,面临严重学业问题的学生,给学生本人和其家庭都带来了很大程度的影响。从主观方面来看,主要是因为学生自身缺乏学习动力;从客观方面看,学校、家庭、社会对学生的学习状态都有着不可忽视的影响。

（二）辅导员开展学业困难学生帮扶工作的方式需要创新

高校辅导员作为学业指导队伍的主体，在工作中始终处于中枢地位，发挥着关键作用，学业指导工作是辅导员职责的重中之重，《高等学校辅导员职业能力标准（暂行）》中将学业指导列为辅导员职业能力之一。

学业指导就是要帮助学生解决在校期间各类学业方面的问题，从而端正学习动机，激发学习兴趣，培养学习能力，观察学习效果。能否精准定位"哪些学生需要学业指导"、精准了解"哪些学习难点和问题需要重点指导"、精准把握"学生适宜采用哪种指导方法"，决定了辅导员学业指导的成效。

高校辅导员应结合自身专业背景，以学业困难精准帮扶为抓手，以学业指导为牵引，综合提升辅导员职业能力，以高效完成思想政治教育工作。

二、具体方法与实践

驱动、从动、联动、传动，是机械动力运转过程中能量产生及传递的方式，通过不同类型的动力学模型构建，能使得机器获得相应的动能和运转模式。机电工程与自动化学院的辅导员根据工科学业困难学生的基本特点，将对专业特点的体会和感悟与学生思想政治教育工作紧密结合，以"四动"工作法作为学业困难学生学业指导的实践指导，取得了一定的成效。

（一）思想"驱动"，树立高尚的理想信念

理想信念教育是大学生学习动机培养中最重要的内容和永恒的主题。学业困难学生学习动机不足的一个深层原因是缺乏远大的理想，有了远大的理想和人生目标，就能"驱动"大学生的学习动力。

1. 进行有效的谈心谈话

通过谈话了解学生的真实想法，部分学生错把中考、高考等阶段性目标当成了人生理想，在阶段性目标完成后已经失去了学习的动力和毅力。结合学生的年龄层次、阶段特点，通过教育引导，为学生建立起"大学是人生的新阶段和远大理想的新起点"的思想认识，把个人理想与建设祖国的理想相统一，帮助学生树立起高尚的人生观、价值观。

2. 做好生涯规划等多种主题教育

通过开展形式多样的主题教育,为他们走好大学生涯的每一步打下坚实的基础。探索不同阶段的有效衔接,通过时间管理、心理调适、就业礼仪培训等活动的开展,引导学业困难学生形成积极向上的人生态度,在学习和生活中找到自信和价值感,让辅导员和学生之间建立起更长效高效的沟通关系。

3. 开展专业感知认同教育

通过科创普及的TED讲座、实验室及企业参观、专业初体验等系列活动,让学业困难学生重新燃起对专业的兴趣和好奇,克服困难,激发学习潜力。

(二)朋辈"从动",成立院系两级帮扶团队

针对学业困难学生的不同程度和不同阶段,构建一体化朋辈帮扶品牌,通过朋辈引领、朋辈示范,引导学业困难学生跟从学有余力学生动起来。

1. "小讲师"团队

组织成立不同专业的"小讲师"团队,在每个学期召集学有余力的学生为学业困难学生开展不定期的课程难点、疑点教授,及时解决学业难题。

2. 集体自修

组织集体自修,在临考前分享学习笔记。成立以班级成绩优秀学生为主体的学业困难帮扶小组,小组成员可以带领学业困难学生上自习,传授良好的学习方法,进行学习交流,让学业困难学生养成良好的学习态度和习惯。

3. "我为群众办实事"

党员先锋队开展"我为群众办实事"活动,走近身边的学业困难学生,为他们解决困难,提供一对一精准帮扶。

(三)家校"联动",协同助力学生成长成才

家校"联动",高效使用有限资源,多维度解决学生学业困难,帮助学生走出学业困境。搭建学生、全程导师、家庭三者的有效沟通桥梁,三位一体帮助学业困难学生改变思想认识。

1. 激活师生主体,贯通培养渠道

将全程导师开展学业指导作为必须开展的工作内容,请全程导师关注学

业困难学生,一对一互助,帮助迷茫中的学业困难学生少走弯路、尽快脱困。

2. 建立困难集中课程的微信群

辅导员和专业老师同频联动,将学生的需求、课程学习中遇到的问题第一时间传动给任课老师,打破壁垒,构建"课堂教学+课外辅导"模式,多方协同,共建帮扶体系。

3. 家校协同,助力学生成长

畅通家校沟通平台,将学生在学校的表现及时反馈给家长,主要包括学生平时表现、课程成绩、奖惩情况、学业预警等信息,以便家长更好地了解学生的学习动态,针对该学生采取有针对性的措施,洞查原因,对症下药。

（四）榜样"传动",形成榜样辐射效应

"传动"是精神的传递,通过榜样传动,可以实现校训、院训精神的传承,营造积极向上的学习氛围。通过搭建舞台、打造品牌,激发个人荣誉感和爱校荣校的精神内核。

学院连续13年举办"机自之星"评选活动,榜样引领,朋辈示范。一批批有才华、勤思考、爱奉献的优秀个人和先进团体涌现出来,他们自强不息,身体力行,从校园走向社会,传承学院学子脚踏实地的工匠精神。在学院内外形成了辐射面广、美誉度高的品牌效应,已经成为展现学院风采的风向标,获奖学生在学院乃至学校中发挥了标杆带头作用,也必将引领一批批上大人自强不息、同心同行,为上海大学的发展和建设添砖加瓦。

学院定期开展"学习进步之星""学习标兵"评选活动。定期在各班开展评选活动,旨在表彰学习成绩进步显著的学生,给予奖杯、奖状及专属定制纪念品,充分调动了学生学习的积极性。学院还设立企业专项奖学金,鼓励在学业上有突出进步的学生。

三、达成目标与成效

通过学业困难学生"四动"精准帮扶工作法的一系列做法实践,学业困难学生的学习困境得到了有效的缓解。学院学生挂科率及试读警告率显著降低。以测控技术与仪器专业为例,试读警告率下降了34.7%,课程不及格率下降了54.1%。学生因学业困难的退学行为也很少发生,越来越多的学生找到了专业学习的兴趣、乐趣,也参与到助人自助、助己助人的队伍中。

辅导员在日常思政工作开展过程中,结合学生不同特点和学习情况,有针对性地开展帮扶工作,以学业困难精准帮扶为抓手,以学业指导为牵引,提升自身业务能力的同时,也提升了思政工作的亲和力和有效性。

学业困难学生"四动"精准帮扶工作法的实践探索,激发了学生自我管理、自主学习的能力,有效减少了因为学业困难无法继续学业,成为"啃老族""校漂族"等的学生人数。在今后的工作中,辅导员将继续紧密围绕学校的人才培养理念,为培养担当民族复兴大任的时代新人不断努力。

生涯导航 就业指导

大学生生涯与就业指导"三航"工作法

计算机工程与科学学院　钱文馨

就业是民生之本、安国之策,是社会稳定的重要保障之一。中央经济工作会议强调,要"解决好高校毕业生等青年就业问题""抓好重点群体就业,落实落细稳就业举措"。上海大学计算机工程与科学学院辅导员团队深入贯彻落实习近平总书记的系列重要讲话精神,结合工科学生的特点,在大学生职业生涯规划与就业指导方面进行了一系列的探索与实践,形成了辅导员、大学生生涯与就业指导"三航"工作法。

一、工作背景与问题

在当前社会经济快速发展、对职业人才要求越来越高的背景下,大学生就业形势依然严峻。作为一项系统工程,大学生就业既需要国家和政府做好顶层设计,也需要各种社会力量协同一致、共同投入。辅导员作为高校学生就业指导的主要实施者,做好大学生职业生涯规划与就业指导具有重要意义。

(一)大学生需要树立具有家国情怀的职业价值取向

当代大学生的职业价值判断标准,正在由以往的理想主义变为明显的实际主义,职业价值观逐渐转向"经济价值型",而忽视了职业的理想价值。培养符合社会需求的信息领域人才、引导毕业生在择业时选择服务国家战略和地方社会经济发展的岗位显得尤为重要,辅导员队伍应发挥积极的引领作用。

(二) 辅导员进行生涯与就业指导需要形成更加系统的模式

辅导员对学生生涯规划与职业选择起到关键性作用,但目前尚未形成系统性、可推广的生涯与就业指导模式。所在学院辅导员团队结合工科学生特点,将各项特色举措总结为大学生生涯与就业指导的"三航"工作法,坚持以学生为本,通过系统、全面的工作模式充分发挥辅导员的重要作用,推动大学生实现良好就业。

二、具体方法与实践

"三航"即启航、领航、护航,大学生的职业生涯历程就像是一艘轮船在茫茫的海面上行驶,找到正确的方向方能"启航",准确到达目的地需要"领航",克服一路的困难离不开"护航"。"三航"工作法将就业工作与思想政治教育工作紧密结合,秉承"全方位、全过程"的理念,始终将育人作为就业工作的出发点和落脚点。面向学生分层分类开展生涯咨询与就业指导,以课堂教学为基础,以多样化实践活动为载体,以深度融合校企合作提升为突破,以精准施策重点帮扶为保障,逐步完善生涯规划与就业指导体系,促进毕业生实现更加充分、更高质量的就业。

(一) 全新"启航",生涯指导分层分类,家国情怀根植于心

针对学生生涯发展特点和需求,团队构建全程化、个性化的生涯引导计划。针对大一新生,通过活动课、首日教育等开设生涯规划启蒙课程,引导其认知自我、适应专业;针对大二、大三学生,通过首日教育、名企行、实习实践等活动,引导其初步认识职业世界;针对大四学生,开展优秀学长学姐经验分享、专场面试直通车、空中就业沙龙、职场礼仪和简历制作课程、就业一对一辅导等,为毕业关键转折期提供指导和资源支持。此外,为低年级学生开设"职业定位与就业导向"课程,将就业工作前置,引导学生了解自我,进行职业探索,提早作出职业决策,掌握求职技巧,端正求职心理;成立"就业指导与生涯发展中心",在中心的指导下开设一系列特色活动;建立"职点迷津"生涯和就业指导工作室,通过科研与实践提高就业创业指导与服务工作队伍的专业化建设。

在生涯指导的过程中融入思想政治教育，厚植家国情怀。大学毕业生应把家国情怀融于不懈奋斗中，将实现个人理想与国家社会发展需要紧密结合。学院获批校级"攀登"科技人才生涯教育与就业指导特色基地，致力于培养有社会责任感、能引领学科发展、具有国际竞争力的电子信息领域人才，引导青年学生将自身发展同国家战略发展需求相结合，鼓励毕业生到行业重点企业工作，解决电子信息领域"卡脖子"的技术难题。

（二）创新"领航"，深度融合校企合作，整合资源辐射全校

结合学科特色，开展多样化、创新性的校企合作。注重校企合作，已形成的特色活动：每年举办"院企面对面"，加深与企业的就业合作关系；与深度合作企业在学院举行"全真面试"，现场直接发放offer；举办多场邀请优质企业参加的专场网络招聘会及宣讲会；与企业合作举办竞赛，为企业发现优质人才提供渠道。对接促成与戴尔、上海移动、宝信软件、埃森哲、易安信等多家龙头企业的就业和学生培养合作；主动与各企事业单位沟通协调，为学生建立校企合办的成建制实习基地，成功申报教育部供需对接就业育人项目，与"字节跳动"建立就业实习基地和定向人才培养机制，推进校企合作的深度融合。

发挥协调联动作用，竭力开拓资源，搭建桥梁辐射全校。辅导员作为学生就业指导工作的主要实施者，在学院内协调联动，呼吁专业教师关心学生状态、助力学生就业，大力推进协同育人，形成全院教职工关心就业、支持就业、参与就业、推动就业工作"全员化"格局。服务在学生工作的第一线，学工团队积累了大量的校友及企业资源，定期邀请校友开展不同主题的就业指导讲座，"校友小课堂"与"朋辈分享会"广受学生好评。校友群体所提供的宝贵就业机会，也为学生就业市场拓展更多长期稳定精准的渠道，将合作企业的资源推送给其他学院其他专业，积极引荐、服务全校。

（三）暖心"护航"，精准施策重点帮扶，特殊时期携手共进

坚持"以生为本，爱生如子"理念，关注每个学生个体，做好重点帮扶。辅导员通过日常谈心谈话、发放问卷、数据分析等方式对应届生的就业状态、毕业去向、理想岗位、就业所遇困难做了全面的了解和科学的研判。针对应届毕业生的实际情况，对部分就业困难学生，分类制定辅导策略，以个性化辅导、

"一对一"、"点对点"帮扶等方式为抓手。针对特殊时期毕业生求职过程中可能出现的就业压力、焦虑等实际需要,辅导员主动开展咨询指导,必要时提供专业的心理疏导,加强对毕业生的关怀。同时,辅导员引导慢就业、不就业的毕业生增强社会责任感,以积极的心态和正确的择业观对待就业。

创新就业活动形式,就业服务工作不"断线"、不"断档",利用"五大方式"即生涯咨询、线上公开课、专题讲座、微信推送、实战演练等,开展线上就业指导,每天精准推送岗位信息和就业辅导信息,定期在班群内组织朋辈交流活动,充分发挥毕业生互帮互助、互相激励的正向作用,为毕业生提供便捷的就业服务;针对就业困难的学生,专门组织"云上模拟面试会""空中面试和推荐会"等活动,通过针对性的指导与帮扶,助力其成功就业。

三、达成目标与成效

通过大学生生涯与就业指导"三航"工作法的一系列实践举措,学生就业工作取得显著成效。近年来,学院毕业生去向落实率始终在学校理工大类中名列前茅,连续两年获评校就业"卓越集体",获批校生涯指导与就业指导特色基地。据第三方调研机构数据显示,毕业生对学院就业工作满意度达99.78%,就业单位好评如潮。

辅导员团队奋战在学生工作第一线,通过实践经验总结出大学生生涯与就业指导"三航"工作法,不断总结、改进、更新,联动各方达到全员育人、协同育人,不断探索就业育人的多样渠道,为学生的高质量就业做出了重要贡献。在这过程中,辅导员自身也在不断提升专业化能力,获得上海市高校"就业先进个人"、校就业工作"先进个人"、校生涯规划大赛"优秀指导教师"等多项荣誉。

大学生生涯与就业指导"三航"工作法的探索与实践,通过行之有效的新思路、新方法、新模式,增强了学生职业生涯规划的意识,帮助学生形成对自我、社会需求的正确认知,为学生搭建了广阔的发展平台,培养学生成为卓越创新人才,推进高质量就业,让毕业生真正实现满意就业、就业满意。

职业导航"TXQ"工作法

上海美术学院 曹 惠

协同育人是指在人才培养过程中相关育人主体协调发挥作用,形成合力,共同促进大学生全面发展、优化发展与可持续发展。上海大学上海美术学院辅导员团队依托协同育人的科学培养模式、职业生涯规划的团体辅导方法,以及丰富多样的校友、校企合作资源,摸索出一套职业导航工作法,即"团体辅导+校友引领+企业助力"的"TXQ"工作法,应用于学生群体,取得了一定的成效。

一、工作背景与问题

（一）协同育人教育思想溯源

协同育人的教育思想最早起源于西方发达国家,比较具有代表性的有三种模式。

1. 德国的"双元制"模式

"双元"主体为学校与企业,学校依赖企业培养学生职业技能,在人才培养上存在一定风险。

2. 美国的"合作教育"模式

学生在学校与企业之间的交替学习培养,学校可密切关注学生的成长状况,并且缓解教学等多方面压力,以校方占主体地位,学校、学生及企业之间紧密联系、相互配合。

3. 日本的"官学产合作"模式

"官学产"即政府、学校、研究机构或企业。政府在这一过程中起中枢协调作用,高校的科研开发能力是关键,企业是推动技术进步转化的主体,该合作模式可将高校的科研成果转化为经济效益。

(二)艺术类毕业生就业现状

艺术类毕业生除了受社会整体就业形势影响外,其就业期望值与社会客观现实的差距是影响就业的另一个重要因素。艺术类专业学习"高投入",期待"高回报"的思想影响择业观,一部分艺术类大学生自身综合素质与用人单位对人才的要求存在差距,如果缺乏相应的学习实践积累就没有信心参与竞争,往往出现"高不成低不就"的状况。

(三)协同效应搭建"TXQ"工作法

协同效应是指复杂系统内的各子系统的协同行为产生出的超越自身单独作用而形成的整个系统的聚合。以系统集成为手段,以团体辅导、校友资源和企业合作等关键要素为纽带和支撑,把原先相对分散的资源集成到学生成长和成才的过程之中,促进资源充分共享并发挥"1+1>2"的集聚效应,搭建起校内外资源共享机制和协同育人体系。

通过研究艺术类学生的择业观,结合协同育人的培养模式,辅导员团队建立了"TXQ"工作法,以提高在校生的就业素质、就业信心、就业能力三个方面为目标,开展从大一新生到大四毕业生的闭环式就业竞争力提升训练。

二、具体方法与实践

"TXQ"工作法是根据不同年级学生的心理特点、不同专业的学科特色,结合合作校企的多样性需求,协同多方力量,打造的"团体辅导+校友引领+企业助力"的工作法,旨在促进大学生可持续发展,提升就业竞争力。从新生入校即开始实行,一年级进行生涯规划团体辅导;二年级进行校友交流论坛、校友企业调研;三年级参加校企创作营、企业工作室、科创苗圃孵化;四年级明确个人发展目标,做好就业前的储备,进入目标企业实习工作。

(一)T——团体辅导,扬帆起航

职业生涯发展是一个循环往复的过程,大学生处于生涯探索期和建立期之间的转换阶段,主要的发展任务是通过探索,自我认识,结合个人需要、兴趣、价值观、能力,为未来的职业生涯发展确立明确的目标和方向。针对刚入校的大一新生,利用新生活动课开设生涯规划团体辅导活动课,帮助新生进行初步的生涯规划。

生涯规划团体辅导活动课设计

单元	主题	活 动 目 标	活 动 方 案
一	素描你的梦	建立团队,让成员彼此认识,帮助成员认识自己、接纳自己,建立互动关系,引导成员分享交流。	大风吹:热身游戏 串糖葫芦:连环自我介绍 自画像:自我认识 一句话梦想:分享交流 讨论团体契约 天使之翼:团队意识培养
二	遇见未知的自己	协助成员了解自己的兴趣、能力,了解生涯的特点与要素,以及理想与生涯的关联。	棒打薄情郎:热身游戏 进入大学后的"五个最":分享交流 五年后的蓝图:生涯幻游 分享交流:影响梦想实现的问题 布置作业:生涯访谈
三	做时间的主人	帮助成员觉察自己的时间使用情况,认识时间管理的重要性,更高效地掌握及运用时间管理。	马兰花开:热身游戏 时间馅饼:分析自己每天的时间安排 头脑风暴:如何克服拖延? 分享交流:我的时间我做主 布置作业:制定时间规划
四	价值观探索	让成员深入探讨彼此的价值观,了解生涯规划的影响因素,协助成员澄清个人的价值观。	鸡蛋变凤凰:热身游戏 我的生命线:思考人生意义 价值观拍卖:澄清价值观 分享交流:价值观对生涯规划和职业选择有何影响? 布置作业:价值观探索
五	我的未来不是梦	协助成员对大学生活和未来生涯发展进行初步的规划,鼓励成员主动进入生涯探索之旅。	抓住爱:热身游戏 自我盾牌:思考自我 霍兰德SDS职业自我探索:职业测验 自我生涯状态和能力评估表:了解生涯能力的准备状况 分享交流 天使之翼揭晓 结束与总结

(二) X——校友引领,榜样力量

学院每年的毕业生中都涌现出大批优秀人才,校友资源不仅使母校的声望与竞争力得到提高,还对在校学生起到示范作用,激励学弟学妹们努力奋斗。校友步入社会时间越长,就能掌握更多的工作经验和社会资源,实施"请进来,走出去"的战略方针,充分发挥校友引领作用,邀请优秀校友回校分享工作阅历、人生经验,也为学生提供实习、就业的机会,帮助学生了解职场,接触社会。

1. "请进来":举办校友论坛、校友讲座、校友交流展等活动

举办校友论坛暨校友交流展,邀请优秀校友与在校师生共同举办交流展览,对教学计划改革、学科发展动向、专业前沿领域、毕业生职场发展等方面进行交流研讨。交流研讨会后,对参与活动的本科生进行了调研,发现学生反响强烈,认为此活动很有意义。因此,将此项校友活动固定举办,既促进学风建设,又可让在校学生开阔眼界,增长见识。

2. "走出去":组织在校生赴校友所在企业调研、参观、座谈

校友为在校学生详细介绍知名企业的招聘流程、人才需求概况、内部工作流程等职场实际问题。同时,带队教师也向企业专家介绍上海美术学院的专业课程设置,在艺术创作、社会创新设计、数字内容创作、交互设计、信息设计等领域取得的相关成果与实践案例。学院师生与企业专家对于企业如何与学院教育资源、科研资源对接的问题进行深入交流。

(三) Q——企校合作,同心合力

校企合作的职业导航模式符合企业培养人才的内在需求,有利于企业实施人才战略。企业可以提前进行人才培养和人才储备,提高了参与教育培养人才的积极性,通过校企合作项目,将企业文化与理念传输给教师和学生,扩大了企业品牌与无形资产的影响,造就了企业的潜在合作伙伴和客户群体。

1. 举办设计创作营

举办"48小时创造营""暑期创作营""设计工作坊"等活动,创作营以某一主题的设计开发为切入点,学生自组团队,模拟真实的开发团队分工,充分发挥创意,在规定的时间内,对每个关键环节进行尝试和修改,完成一套设计的策划方案,并制作演示Demo,进行小组汇报。企业专家和学院教师共同担

任创作营的指导教师,从设计流程、开发软硬件、场景搭建、程序制作等各方面对学生进行指导。

2. 创办企业工作室

与注重人才储备的企业合作,创办高校企业工作室,启动成员招募,报名的在校大学生经过7天专业技术培训后,使用达·芬奇编辑器制作游戏Demo,通过面试后正式加入工作室。加入工作室可以获得企业提供的培训学习、职位体验、实习实践、开发竞赛等资源。

3. 科创孵化苗圃计划

在沪某文化科技园区与学院签订共建协议,在科创孵化、实践育人等多方面进行合作,园区的各类企业为在校学生提供创业指导、就业培训;在校学生参与园区的实践实习、志愿者活动;学院与园区企业进行深度校企合作,共同指导科创类的大学生创新项目。目前,已成功举办品牌活动"新华文创苗圃专场",全方位、多阶梯的推进和扶持在校大学生创新创业,助力大学生创业团队的快速成长。

三、达成目标与成效

上海美术学院职业导航"TXQ"工作法,引企入校,校企共培,引入校友资源、企业资源,将协同育人,职业导航的过程进行分解,分为"启航""引领""实践"三个阶段,分别为不同年级、不同需求的学生提供指导。"TXQ"工作法的分阶段培养,使学生普遍具有了良好的职业意识,对于培养学生的组织纪律、工作态度、团队精神和坚定乐观的生活态度都有所帮助,极大提升了学生的就业自信心和就业竞争力。

(一)"TXQ"工作法为大学生启航生涯规划

"TXQ"工作法的"启航"阶段,着重培养大一新生的生涯规划意识,帮助他们对生涯发展进行探索,逐渐明确个人能力、兴趣、价值观,进而明确发展目标,为实现生涯理想打下坚实基础。参加"TXQ"工作法之生涯规划团体辅导的学生,在学习主动性方面有明显的进步,能够客观地认识自己的优点和短板,合理的充实和提高自己的能力;能够科学的规划未来,减少发展的盲目性与跟风性;能够逐渐清晰自己的发展目标,增强对未来美好生活的自信。

（二）"TXQ"工作法为大学生引领职场经验

"TXQ"工作法的"引领"阶段，整合校友资源，为在校生拓宽信息渠道，提供榜样力量。在榜样校友的引领下，学生开启职场探索之旅，初步接触社会、了解职场规则；学习职业发展的成功经验，树立正确的就业观念；获取就业信息，了解行业发展的最新动态。通过"TXQ"工作法的校友"引领"，在校学生对于就业的态度明显变化，增强了就业信心，变被动为主动，产生良好的"群体效应"，从而推动毕业生高质量就业。

（三）"TXQ"工作法为大学生提供实践机会

"TXQ"工作法的"实践"阶段，为在校大学生提供了多样性的校企合作实践平台，学生在创作营项目中切身体验到团队合作、技术要求、职业道德等必备素养；在企业工作室、科创苗圃计划中发挥创意、提升技能，感受到工作的价值和成功的快乐；在实践过程中不断地克服困难、积累经验，初步具备了实践能力。通过"TXQ"工作法的"实践"培养，在校大学生具备了可持续发展的职业素养，具有责任意识、沟通能力、专业技能，极大地提高了就业竞争力。

大学生职业生涯及就业指导"五步走"工作法

文学院 赵 影

日益激烈的竞争环境、大学生就业模式的改革,使得大学生职业生涯规划指导工作成为高校人才培养工作的重要内容。做好大学生的职业生涯规划和就业指导尤为重要,作为高校辅导员,最大的幸福就是把一群群学生送往理想的彼岸,实现自己的人生价值,如何让那些刚踏进大学校门的学生准确找到自己的定位、选择适合的职业目标、科学处理职业追求与学业之间的关系是辅导员应该持续探讨的问题。通过长期工作实践,文学院辅导员总结了大学生职业生涯及就业指导"五步走"工作法,以供探讨。

一、工作背景与问题

自2020年以来,就业工作的"硬骨头"越来越难啃,受经济下行压力等多种因素叠加影响,作为文科类学生的辅导员,深深感到文史类专业毕业生的就业压力之大。目前高校的大学生职业生涯规划指导工作面临诸多的问题,为解决这些问题,保证这项工作沿着正确的方向发展,必须要统筹各方面的力量,在一定的原则指导下,构建科学合理的职业生涯规划及就业指导工作方法。

二、具体方法和实践

（一）做好对学生职业生涯规划的整体设计

在就业压力日趋激烈的今天,辅导员对学生的就业指导工作不是短期行为,应把大学生职业生涯规划贯穿在学生就业指导全过程,对于刚入学的大一新生就启动生涯规划及就业方向引导。辅导员应该帮助大学生树立正确的就业观,指导他们逐步完成对自己职业生涯的规划。

辅导员在对大一新生进行职业生涯规划指导时,利用活动课时间举办生涯规划主题活动,通过活动设计环节"四年后的我在干什么"来深入了解学生,帮助学生找到自己潜意识中对未来职业的理想状态,进而让学生明确了上大学的意义和目的。在活动中对学生四年后要扮演的角色进行分析,帮助学生树立起职业生涯规划的概念,引导其初步规划大学四年的学习生活,并制定大学四年的生涯规划书,建立个人大学成长档案用以时刻鼓励和监督学生完成自己的职业生涯规划任务。

通过"一对一"谈心谈话工作,帮助学生进行生涯规划,鼓励学生建立自信。对于大一的学生,利用活动课的时间经常邀请高年级的学长学姐到活动课上来进行宣讲,让他们对未来的就业方向以及自己的职业生涯发展有初步定位,并定期邀请企业人员以及优秀校友到活动课上进行分享,从而帮助学生找到自己的人生方向。

(二) 做好职业分析,精准指导学生

作为辅导员,对于所带学生的专业去向要非常了解,需要做大量的前期研究,在对学生进行生涯规划指导时,能精准地指导学生。在职业分析时,需要对多年来毕业生的去向进行整理,了解所带学生职业素质要求,帮助学生确定职业目标。

此外,在指导学生的过程中还要注意培养学生的实践能力,引导学生多参加社会实践活动,为学生搭建社会实践的平台。大学生的综合能力和知识面是用人单位选择大学生的依据。对于学生来说,走向工作岗位除了构建自己合理的知识结构外,还应具备从事本行业岗位的基本能力和某些专业能力。从某种意义来讲,能力有时比知识更重要。大学生只有将合理的知识结构和适应社会需要的各种能力统一起来,才能在求职中取胜。除此之外还应重点培养学生满足社会需要的决策能力、创造能力、社交能力、实际操作能力、组织管理能力等。积极引导和扶持学生创建职业发展类学生社团,帮助建立健全这类社团发展的长效机制。通过在首日教育、主题团日等活动课上开展丰富的社团活动凝聚学生,促进其自主地对未来职业发展勤思考、多实践,帮助学生在快乐的活动中充分"认识自我、规划自我、实现自我"。

(三)找准就业指导方法,教育引导到位

辅导员是大学生思想政治教育工作的重要力量,是大学生就业工作的重要推进者。毕业班辅导员就是学生就业的帮扶者,应在学生就业的全过程中给予学生精准的帮扶。

对于升入毕业班的大四学生开展"点对点"排摸,针对就业"困难群体"。

第一是采取分类登记、专项训练、全面辅导、个体咨询、特殊推荐等五项措施分层分类开展帮扶。

第二是引导学生积极参与网络就业招聘活动,面向全体学生开展就业形势分析、就业技能培训,引导学生主动就业。

第三是成立由推免学生组成的就业帮扶小组,发挥朋辈榜样的力量。就业帮扶小组除了协助辅导员处理日常的就业事务性工作外,还承担着另外一个重大任务,那就是作为辅导员的助手,为毕业班学生提供帮助和指导,将就业工作的网铺散开来。通过学生与学生之间的交流互动将信息传达给毕业生,详细排摸每一位学生的就业动态,了解每一位学生的发展需求,做到"一人一策",精准帮扶。

第四是寻求社会层面(家长、校内外合作伙伴)的援助,通过发出公开信,鼓励学生家长、社会力量为学校提供就业信息、就业岗位,拓宽就业渠道。在给学生指导就业的同时,也要用好校友资源,邀请校友回校开展校友讲坛、座谈会等,与学生面对面进行深入交流。

第五是借助专业培训资源。利用每个学期首日教育的机会邀请招毕办、心理辅导中心等学校部门,以及求职教育机构的专门力量,开展学生求职能力提升的专题辅导,通过分类培训,不断提升学生的就业技能,提高学生求职成功率。

(四)通过新媒体开展生涯指导以及就业工作

新媒体平台对于开展大学生生涯指导及就业工作非常重要,除了在班级中建QQ群、微信群等网络平台外还可专门开设班级职业生涯及就业指导专栏微信公众号,利用大学生喜闻乐见的形式指导学生学习职业生涯规划的内容,个性化地做好对每位学生的职业生涯规划引导,从而提升职业生涯规划教育的有效性。把最新的招聘信息及时发布在公众号上，并由专人管理，同时，也可以发挥学生的自主能力，让就业帮扶小组的学生搜集相关的就业信息并共享在公众号平台。此外，为了帮助学生获取更多的就业信息，每周编写一期就业简报在平台上定期发布，方便学生及时了解最新招聘信息。

在开展生涯指导以及就业工作中营造职业生涯规划教育健康环境也非常重要，充分利用新媒体技术和手段，积极鼓励和帮助学生开展与职业规划相关的大学生校园文化活动，营造职业生涯规划教育健康环境。如组织简历大赛、职业生涯规划设计大赛、模拟招聘面试大赛等相关活动，聚焦学生对职业生涯的关注和参与，促进学生对职业生涯问题的思考。

（五）拓展大学生实习基地资源

一方面，"引进来"，积极用好学院现有签约的实习基地资源，通过定向邀约、需求岗位对接、举办线上招聘会和宣讲会等方式，精准推荐。另一方面，积极"走出去"，通过主动出击，送人上门，进一步深度挖潜，积极开拓实习基地，想方设法拓展资源，利用已有实习基地的资源优势，推广"实习+就业"的学生能力提升模式，帮助学生明确职业定位，加强技能和职业锻炼，进一步提升参与实习项目学生的就业综合竞争力。利用夏季学期时间，集中大规模安排学生进入企业实习，不断消除学生心中的迷茫、彷徨，助推就业。

三、达成目标与成效

（一）使学生就业的积极性和主动性得到充分提升

在职业生涯规划的教育过程中，引导学生更早地转换角色，在自身的学习成长过程中做好更加长远的规划，使其积极性和主动性得到了充分提升，更有效地适应大学生活，在毕业之后能够把握好自身的职业规划和方向，切实融入社会，使自身的人生价值得到充分实现。此外，也进一步做到了引领学生有效选择和明确自身的职业发展方向，充分明确与自身的兴趣和特长相符合的职业生涯路线。

（二）促进毕业生更高质量更加充分就业

通过职业生涯发展教育和就业指导，落实立德树人根本任务、践行"三全育人"工作理念,实现"就业育人"工作要求,促进毕业生更高质量更加充分就业。通过连续多年开展生涯指导及就业工作实践,运用"五步走"工作法帮助一批批优秀的学生走上了工作岗位,辅导员先后荣获上海大学就业工作创先进个人及上海大学就业工作先进个人,学院超额完成学校下达的就业卓越指标,开创学院就业工作新局面,实现了毕业生就业工作的逆势上扬。学院荣获上海大学毕业生就业工作"卓越集体"。

学生就业创业"三化"工作法

管理学院　李　勤

就业是最大的民生,高校毕业生就业事关毕业生及其家庭切身利益,事关国家改革发展稳定大局。高校辅导员作为一线的就业指导工作人员,不断探索行之有效的大学生就业创业指导方法具有重要的意义。

一、工作背景与问题

为贯彻落实党中央、国务院"稳就业""保就业"决策部署,教育部提出要进一步完善高校毕业生就业支持体系,要开展全力促进高校毕业生更加充分更高质量就业的高校毕业生就业创业促进行动。高校辅导员作为参与就业创业促进行动的重要力量,随着每年高校毕业生人数的增加,面临着重大的使命和挑战。

(一)辅导员就业创业指导工作具有重大历史使命

2021年8月,人力资源和社会保障部召开的高校毕业生就业工作电视电话会议,会议指出:促进高校毕业生更加充分更高质量就业,激发释放人才创新活力和创造潜力,是践行初心使命、增进民生福祉的实际行动,是构建新发展格局的基础支撑,也是推动共同富裕的内在要求。青年肩负着国家未来发展的使命,是强国的重要力量。通过开展就业创业指导工作,将青年学生送到适合的岗位,帮助青年规划终生职业发展,引导青年奋发有为,将自我发展融入国家发展,以民族复兴为己任,是辅导员肩负的重大历史使命。

(二)辅导员就业创业指导工作面临巨大的时代挑战

随着时代的进步,大学生的就业创业工作形势和要求发生了巨大的变化。

一是每年高校毕业生就业人数逐年增加。如2022年,加上往年未就业的毕业生,将有约1 400万大学生需要就业。与此同时,随着家庭经济状况的改善,大学生毕业后立刻就业的紧迫感不强,"慢就业"的现象越来越突出,"先就业再择业"的观念逐步被大学生抛弃。这些都增加了高校辅导员开展就业指导工作的难度。二是随着互联网经济、直播带货、社群营销、短视频经济等新经济业态的产生,催生了许多新职业形态,为辅导员开展大学生职业生涯指导带来了空前的挑战。三是就业创业工作的范畴已经不再局限于为毕业生提供就业信息,而是扩大到为学生提供专业的职业生涯指导、帮助学生提升就业创业的能力、为学生的个性化需求提供精准的信息服务等。以上这些都对辅导员的工作能力提出了更高的要求。

(三)辅导员就业创业指导工作亟须创新方法途径

时代的挑战必然要求当下辅导员开展就业创业工作方法和途径不能再局限于单兵作战和单一手段。首先,从事大学生就业创业工作的辅导员要具有资源整合意识。大学生就业创业工作是学生培养与市场最靠近的一环,辅导员除了接受本校就业创业领导单位的指导以外,还需要与企业单位、创投机构、科技园区等多方进行沟通与联络。辅导员需要善于整合这些部门和单位的资源,为学生提供更加全面的指导和服务。其次,从事大学生就业创业指导工作的辅导员要具备平台建设能力。当前的大学生就业创业工作已经不局限于辅导员在办公室与学生谈心谈话或者通过网络给学生推送一些就业信息。职业生涯指导的课程、训练营、工作坊,企业参访与实习,人才双选会,创业项目推介会等都是促进大学生就业创业的良好平台。辅导员要善于开展这些平台的建设,实现大学生就业创业工作的提质增效。再次,从事大学生就业创业指导工作的辅导员要具备职业规划、心理咨询和创业指导等多种专业综合素养,这样才能运用专业的方法来解决学生创业过程中遇见的各类问题。

二、具体方法与实践

"三化"学生就业创业指导工作法是经过15年的一线就业创业指导工作实践探索而形成的。该方法针对辅导员在就业创业指导工作中面临的学生需求多元、独自开展工作难度较大、指导效果欠缺等现实问题而提出。辅导员通过"就业创业平台多元化、就业创业指导专业化、就业创业服务精准化",更加有效地链接资源、搭建平台,为学生提供切实有效的指导服务。同时,在此过程中也实现了辅导员的专业化发展。

(一)就业创业平台多元化

就业创业指导工作是一个系统工程,辅导员通过联动用人单位、专业教师、校友等多方面力量,建设多元化的就业创业指导平台,为学生提供全方位的就业创业支持。

1. 搭建多元化就业信息沟通平台

辅导员根据学院学科特色,充分开展学生就业意向调研和用人单位需求调研。在了解人才供需双方的需求和想法的基础上,积极与受学生欢迎的单位联络沟通,建设就业与实习基地,搭建招聘宣讲会、人才供需洽谈会、专场招聘会等就业信息沟通平台。为了提高就业信息沟通平台的效率,辅导员提前了解企业的主营业务、行业地位、企业选人倾向、员工培养计划、薪酬待遇等信息,有针对性地与合适的学生进行提前沟通和推介。主动向用人单位介绍毕业生的总体情况和就业意向,将用人单位和学生的需求引导到一处,增进双方的了解,降低双方的搜寻成本,提升双向选择的适配率。

2. 搭建创业项目孵化平台

随着"大众创业、万众创新"的提出,创业成为大学生就业的一个重要方向。但是大学生创业面临着项目创意粗浅、组建创业团队困难、获得创业投资困难、招聘员工困难等现实问题,高校的一线辅导员由于自身缺乏创业经历,在大学生创业指导方面似乎也无从下手。

在"三化"工作法的指导下,辅导员积极与专业教师团队和校外创业投资机构联动,建立了"组织协同—学科协同—课程协同—实践协同"的多维协同的创业项目孵化平台。以管理学科辅导员为例,通过以赛促创,协同专业教师团队,开展电子商务三创赛、物流设计大赛、市场营销大赛等极具学科特色的竞赛,通过竞赛平台,将学生的创业概念和创业计划逐步打磨、孵化转变成较为成熟的创业项目。创业的初创阶段,创业团队的构建十分重要。管理学科中财务、运营、营销等人才是创业团队中不可或缺的部分。管理学科的辅导员积极与其他学科的辅导员开展协同,推动学生在全校范围内交叉学科组建创业团队,为学生将实验室项目转化为实际的创业项目提供坚实的人力资源保障。辅导员还积极与大学生创业基金、社会创投机构展开联系,邀请创投机构的专家来校指导和评审学生的创业项目,推动学生创业项目更快获得投资,走向成熟。

(二)就业创业指导专业化

大学生的就业创业指导工作是一项极具专业性的工作,仅仅依靠经验常识很难有效解决学生在就业创业过程中遇到的各式各样问题。在"三化"工作法的指导下,辅导员充分认识到提升自身专业素养对于开展这项工作的重要意义,积极通过各种途径实现自身专业化的发展。

1. 建设专业的生涯工作室

2012年年底,上海市教委根据《上海市学生职业(生涯)发展教育"十二五"行动计划》非常及时地推出了高校职业(生涯)发展教育工作室的建设计划,这一建设计划主要面向基层学院辅导员。管理学院的辅导员积极主持申报建设上海市生涯工作室。工作室整合资源为学生提供优质职业生涯咨询与辅导服务,研发和开展了一系列职业生涯辅导的课程和项目。工作室针对低年级学生研发和开展了有关生涯启蒙、自我认知、职业规划、职业素养提升的课程、活动和咨询;针对高年级学生研发和开展了有关职业认知、生涯决策、简历制作、面试技巧的课程、活动和咨询,基本形成了全程化生涯教育体系和格局。

2. 促进辅导员专业化发展

工作室的建设也为管理学院辅导员提升就业创业指导专业化水平提供了有效的学习和实践平台。以专业的工作室为载体,工作室的辅导员通过参与职业资格培训、外出交流学习、内部集体学习和课题研究等方式,不断提升自己的就业创业指导水平。首先,辅导员积极参加职业咨询师、心理咨询师和创业咨询师的职业资格培训和考试。通过系统的培训,辅导员掌握了职业生涯咨询、就业指导以及创业指导的理论和方法。其次,辅导员开展日常性就业创业指导工作坊的学习和交流。针对当下面临的"慢就业""缓就业"等问题开展研讨和学习,提升解决实际问题的专业水平。再次,辅导员积极参与职业生涯咨询、职业生涯课程授课,将理论学习付诸实践,不断提升就业创业指导的专业化水平。

3. 开展就业创业方面的研究学习

辅导员与相关专业教师合作开展就业创业指导方面的科学研究。一是开展相关学生就业创业指导案例的撰写。通过总结分析个案的特点,总结出解决某类学生职业生涯发展问题的方法，提升就业创业指导的科学性。二是开展就业创业指导方面的课题研究。随着"00"后毕业生的出现和新经济业态的涌现，不同时期辅导员就业创业工作面临的重难点问题一直在转移和变化。针对当下的问题开展有针对性的调查和研究，有助于辅导员有效开展就业创业工作。三是开展就业创业指导交流学习。通过加强与用人单位、学术界和其他高校就业部门的交流学习，能够帮助辅导员拓展就业创业指导的视野、开拓工作思路和获取更多前沿的信息。

（三）就业创业服务精准化

随着学生就业创业方向的多元化发展、学生面临的问题个性化增强，"一刀切"的就业创业服务已经不能满足学生对就业创业指导的需求。尤其是针对就业最困难的一部分学生的就业指导服务，必须是"一对一"、精准化的指导服务。

1. 建设精准化就业创业服务队伍

就业创业服务的精准化仅仅依靠辅导员一个人很难实现。因此，辅导员要善于团结和利用其他的有生力量，一起开展就业创业精准化服务。首先，要善于利用学生干部队伍的力量。辅导员动员各班的学生党员、入党积极分子、班干部等力量组建一支专门的就业助管队伍。这支队伍承担日常的就业信息传达、简历收集与发送、学生就业状况跟踪等任务，实现就业信息的快速无缝传递，并将学生中存在的问题快速反馈给辅导员。其次，联动专业教师开展就业创业指导工作。本科生毕业班辅导员联动本科生论文指导教师、全程导师，研究生毕业班辅导员联动研究生导师共同开展就业创业指导工作。再次，联动热心校友开展工作。辅导员通过联动校友，提供有针对性的就业信息，担任学生的职业导师，与就业困难的学生"一对一"结对。此外，辅导员邀请校内外专家、教授、专业培训师、企业HR等力量共同开展学生生涯教育。多方力量的参与，才能实现就业创业服务的精准化。

2. 开展精准化分类指导与引导

当前，学生的就业工作难点比较多元与复杂，比如少数民族学生就业、非全日制学生就业、考研考公"二战"学生就业、本科生普遍的"慢就业"等都是每年就业工作的重点难点问题。这些问题不是出台一个政策、开展一项工作就能立竿见影解决的，需要辅导员开展细致入微的分类指导，逐个关心和了解学生就业意向,针对性地推荐就业信息,开展"一对一"的生涯咨询,定制一生一策的就业指导方案。辅导员需要引导学生建立自己的个性化生涯档案,通过让每个学生撰写生涯自传、开展职业测评、为学生配备职业导师等手段,让学生获得个性化的职业生涯规划指导与职业发展帮助。针对高年级学生的简历和面试指导,逐步改变原有的开讲座的"一对多,缺乏互动性"的指导模式,不断创新与探索"一对一"的个性化指导模式,让学生个性化的问题能够得到个性化的解决,个性化的诉求能够得到个性化的满足。

三、达成的目标与成效

在"三化"就业创业指导工作法的指导下,管理学院辅导员开展大学生就业创业指导工作的成效显著提升,学院也多次荣获上海大学就业工作先进集体、基础就业突出贡献奖、生涯教育特色奖。学院学生的创业项目在全国大学生电子商务"创新、创意及创业"挑战赛、"创青春"大学生创业大赛、全国大学生"互联网+"创新创业大赛中屡次斩获大奖。学院部分学生的创业项目也获得大学生天使投资基金的投资。

通过"三化"就业创业指导工作法,学院辅导员为学生提供多元、专业、精准指导的同时,也助推了自身的专业化发展。学院辅导员中多人持有上海市学校中级职业咨询师、学校心理咨询师、创业咨询师等职业资格证书,主持上海市大学生生涯工作室,荣获上海市教学成果一等奖、"创青春"上海市大学生创业大赛优秀指导教师、上海市"知行杯"优秀指导教师等荣誉。与专业教师合作承担上海市教育科学研究一般项目"高校毕业生就业质量评估与提升路径研究——基于生涯发展理论的视角"验收良好。

未来,学院辅导员将不断深化"三化"学生就业创业指导工作法的内涵,不断根据时代的要求和形势的变化完善和更新"三化"工作法所涵盖的理论、方法和工作途径,为大学生更加充分更高质量就业贡献力量。

大学生就业"三性"工作法

上海美术学院　仲　婷

高校毕业生是国家重要的人才资源。做好高校毕业生的就业工作,关乎国家发展、社会稳定、民生改善。

艺术类大学生是高校学生中的重要组成部分,由于学生个性、专业性质、教育方式、就业环境等特殊原因,易产生"消极就业""慢就业""不就业"现象,就业任务较为艰巨。

上海美术学院辅导员坚持以学生为本,尊重学生个性发展,通过观察、实践、思考,总结出了"常规性就业帮扶、定制性就业服务、多元性就业渠道"的大学生就业"三性"工作法,聚力解决艺术类大学生就业难的现实问题。

一、工作背景与问题

(一)工作背景

就业是民生之本,关乎人民幸福、社会稳定和国家安定,受到党和政府的高度重视:党的十九届五中全会提出,强化就业优先政策;十三届全国人大三次会议审议通过的《政府工作报告》提出,加强对重点行业、重点群体就业支持。

高校毕业生占新成长劳动力的一半以上,是宝贵的人才资源。国务院办公厅《关于加强普通高等学校毕业生就业工作的通知》、人社部《关于做好2021年全国高校毕业生就业创业工作的通知》、教育部《关于做好2022届全国普通高校毕业生就业创业工作的通知》等都将高校毕业生就业作为做好就业工作的重中之重。

近几年普通高校毕业生规模、增量不断创造历史新高,2022届高校毕业生预计将达 1 076 万人,同比增加 167 万人,就业竞争激烈,形势复杂严峻。教育部要求各地各高校把就业教育、就业引导全面纳入大学生思想政治教育体系,建立健全就业育人支持体系。高校思想政治教育辅导员处于思政工作第一线,在引导毕业生树立正确的职业观、就业观和择业观,提供职业生涯教育和就业创业指导等方面具有义不容辞的职责。

(二)工作问题

艺术类大学生是高校学生的重要一部分,但由于多种原因综合影响,艺术类大学生的就业创业更为艰难。作为艺术类学院的辅导员,结合工作实际和观察思考,认为以下几个因素的影响较大。

1. 社会大环境大形势影响

当今社会,就业竞争激烈,形势严峻,高校毕业生就业观念发生改变,存在"慢就业""不就业"现象,学生就业不再局限"朝九晚五"的工作,开始追求相对自由和自我效能高的职业,对生活有更多自己的想法。

2. 所学专业存在适配性局限

艺术类学生所学专业的专业性极强,社会需求不普遍,就业岗位匹配度较低,如国画、油画等绘画类纯艺术专业的毕业生就业难度就高于数字媒体艺术、建筑学等社会需求量相对较大、适配度相对较高的专业,毕业生对就业的期望值与社会需求有明显差别。

3. 专业性质造就学生特点

艺术类专业对灵感、创意要求更高,"自由灵魂"有利于创作发挥,而且专业独立性较强,对合作性要求不高,学生个性鲜明,可以通过自我沉浸、不断钻研创作出作品,虽然艺术来源于生活,但有时候也会缺少"地气"和"群体性"。这种学习过程与综合类专业的学习过程存在很大差异。

4. 进入高校前的培养教育方式存在局限性

相当一部分学生接触艺术、学习艺术是以高考升学为目的,也有一部分是父母期许和培养特长所需。他们放松了文化课学习,半脱离或脱离学校集体生活,在形成价值观的关键时期较早地接触社会,进入画室培训,但画室圈子相对较小,周围人群单一,课堂里只教授艺术技能,缺乏思想引领,学生埋头画画,单独为战缺少团体性,因此很多艺术生没有形成全面的社会观,进入大学后出现较多适应性问题和人际相处问题。

5. 未树立良好的择业观和就业观

部分艺术类学生所作的选择只为自己的喜好，缺乏社会责任意识，没有及时树立职业理想，未形成相对明确的职业规划，甚至认为自由职业或不就业受到的束缚小，"朝九晚五"的格子间会压抑个性发展和自由创作。大家都想在专业内有所建树，成为艺术家，但可能只看到成功艺术家的光彩，没有看到背后付出的努力，也较少意识到好的创作离不开对人类社会的关注，以为脱离社会的创作也能成功，忽视了人的社会性和社会的需要性，忽视了艺术要为人民、为社会、为国家服务的宗旨。

6. 经济条件带给学生更多选择

培养一个艺术生需要花费很多时间和费用，一般情况下，较多艺术类学生的家庭经济条件都比较好，生活压力小，学生能更自由地选择为纯粹兴趣而生活。

数据显示，学院以往招生集中在江浙沪，从我国地域经济发展水平来看，江浙沪经济条件相对更好，家庭经济困难学生较其他学院而言少很多。相当一部分学生毕业后的就业迫切性较低，家庭负担的压力较小，有时间、有条件允许他们慢慢"挑"职业和岗位。

二、具体方法与实践

解决艺术类大学生就业难的问题要从长计议，不能一蹴而就。

上海美术学院辅导员通过在实际工作中的不断思考和探索，总结出解决艺术类大学生就业难的"三性"工作法，供同行探讨。

（一）常规性就业帮扶

1. 思想引领

在工作中，辅导员要有意识地引导、帮助学生树立良好的就业观，要利用谈心谈话、首日教育、班会等显性教育渠道传播就业是民生之本的思想。

利用微信、朋友圈、邮箱等工具与同学建立好友关系，增强双向互动，打通线上教育平台，抓住隐性教育机会，潜移默化地让学生意识到就业的重要性，把个人就业与国家安全和社会稳定挂钩。

通过先进事迹分享、优秀学长学姐现身说法等方式激发学生的社会责任感,培养学生的大局意识、集体意识。有些艺术类大学生会将就业和追求艺术创作的自由对立起来,这时候辅导员还需要帮助他们认识到不是自由环境就一定能创造出艺术,艺术是建立在社会生活之上,源于生活高于生活,好的艺术创作都是社会现象、社会关怀的折射和反映,人具有社会性和社会责任,自由是相对的,就业和艺术也可以互相成就,鼓励学生钻研怎么把所学用到实际,用到为社会为国家作贡献上。

2. 一生一策

针对毕业班,辅导员定期进行就业情况排摸非常重要,尤其关注考公、考研、申请出国、秋招、春招等特殊节点的学生状态调研,及时将统计数据记录到就业网"一生一策","一对一""点对点"地了解记录学生的就业动态变化,方便随时查阅和梳理学生就业数据。

"一生一策"和"一生一档"都是辅导员就业工作的重要方法,不应只局限在毕业季完成就业任务时使用。

此外,日常工作中还会制定每日任务表,坚持每天记台账,给学生设置电子档案库,将各班级、各项事务分类建立电子文件夹,其中有一个文件夹专门存档各种就业材料和数据,以实现就业数据"横向可查,纵向可比较"的目的。

3. 针对提升

对于高校学生而言,进行职业规划、明确职业道路宜早不宜迟,但大部分学生思考职业发展多从大三大四高年级开始,且以应对实习、招聘为主要目的,反观对数届艺术类毕业生的调研,发现艺术类大学生在职业发展方面的思考相对更晚一些。

因此,学院及辅导员利用新生活动课、首日教育、晚自习等机会,组织开展职业生涯规划方面的讲座和技能培训,比如开展职业类型测试、指导学生制作简历、组织学生模拟面试、邀请就业典型分享成功经验、邀请企业HR解答招聘误区等,可以尽早引入职业概念,帮助学生树立正确的职业观,提高职业技能,培养良好的职业素养,为未来就业奠定基础。

(二)定制性就业服务

1. 熟悉学生结构

当辅导员接到一届学生时,第一件事应该是反复浏览新生入学登记表,利用大数据分析学生构成，为每位学生"画像"，只有对学生了如指掌才能更好地开展工作。

掌握学生人数、性别比例、生源地分布、家庭结构、高考成绩或大类排名（这里区分直招生和大类分流学生）、第几志愿招收等，重点留意家庭经济困难学生和心理普测需关注学生。通过数据分析基本可以建构出每个学生的大致轮廓，方便后续个性化内容填充，这一步适用于所有辅导员和所有专业学生。

辅导员除了以首日教育、班会、谈心谈话、微信等为思政教育的抓手，也要利用进宿舍、进课堂、进专业教室的机会与学生沟通交流，同时，与教学秘书、专业教师、宿舍室友、家长亲属建立联系，多聊、多听，捕捉更多信息，丰富学生"画像"。

2. 了解专业行业

大多数高校在招聘辅导员时倾向于思政教育、文学等文史哲专业毕业生，但综合性大学涵盖文科、理科、工科、经管、艺术等多种学科和专业，因此较多辅导员所学专业和所带学生专业并不一致。

辅导员可能是学生遇到困难和疑惑的时候最先想到的人，在学生眼中辅导员就是信息的"集合体""万事通"。事务性的问题很好回答，但当学生提出超出辅导员本身的学科背景的问题，比如对所学专业发展前景、未来就业方向的疑惑，辅导员若想提供有效帮助，就要对学生所学的专业有所了解，要知道学生完成学业需要上哪些专业课程，要能区分出专业必修课、专业选修课，要能知道哪些专业教师上哪个方向的课，要知道这个专业的就业范围、就业前景等，这样才能更好地发挥在学风督导、学业帮扶、职业规划、就业引导等方面的引领作用。

3. 培养就业意识

辅导员督促学生完成学业是保障就业的前提，辅导员发挥思政教育作用就是保障就业的基础。辅导员在日常工作中要主动发挥思想引领作用，有意识地帮助学生树立正确的就业观、择业观，积极引导学生尽早思考和规划职业道路，以达到循序渐进落实就业的目的。

辅导员要针对不同学生制定不同引导策略，因人而异因材施教，在尊重每个学生个性发展的前提下，精准地回应学生成长成才需求，定制化就业服务，这对解决艺术类大学生就业难的问题具有显著效果。

通过谈心谈话和观察学生动态,了解到某位学生对所学专业不感兴趣,未来也不想从事本专业相关工作,但该学生很喜欢二次元文化,对绘制原画、插画很感兴趣,就积极鼓励学生在保证完成本专业学习任务的前提下自学绘画设计,尝试在感兴趣的领域找实习,当遇到此类公司的招聘信息时及时私信该学生,"点对点"地提供学生所需信息。

(三)多元性就业渠道

所在学院就业主管老师的邮箱每年毕业季都会收到各种招聘实习生、毕业生的邮件,在实际工作中也时常接到用人单位的招聘电话,大多都表达了企业对于招聘应届毕业生的迫切需求。

这说明就业市场和就业需求还是存在,但怎样让学生和用人单位实现双向选择,成功建立关系,"引进来"和"走出去"两步走是有效途径。

1."引进来"

定期组织和学生专业相关的用人单位进校园、进学院,举办集中、有针对性的专业招聘会和宣讲会,并组织建筑、设计、纯艺专业研讨会,邀请用人单位与学生研讨座谈。

2."走出去"

辅导员要善于搜集信息,引进招聘资源,帮助学生匹配社会岗位,打通学校和社会之间的墙。

辅导员也要善用专业教师、毕业校友资源,建立用人单位数据库,时常与HR沟通交流,带领学生走进企业参观、座谈,让学生更快地建构对用人单位的认知。

三、达成目标与成效

帮助解决学生的就业困难是辅导员以"以生为本"的体现,也是为国家培养德智体美劳全面发展的社会主义建设者和接班人的本职责任。

日常工作中,辅导员利用自己组织大型竞赛总结的经验指导学生参赛、参展,鼓励学生参与红色文创设计,以赛促学,学生竞赛获奖逐年上升,就业竞争力也得到提升;从"学以致用"角度帮助学生提高专业认知能力,树立为国奉献的就业观。

经过前期排摸,积极引导,针对提升,精准推荐,精准对接,学院实现了应届毕业生就业去向落实率100%的可喜成绩。

学院及辅导员将进一步强化服务职能,加强宏观调控,健全就业体系,努力创新完善相配套的政策,整合社会资源,拓宽就业门路,提供就业创业平台,全力促进学生就业创业。进一步做好引导和鼓励学院毕业生面向基层就业、到中小企业和非公有制企业就业工作;创新方法、优化服务,以创业促就业,积极搭建就业创业平台。切实加强对学生就业创业工作的组织领导,完善就业创业服务体系,努力为学生就业创业营造一个良好的社会环境。同时,积极引导学生更新就业观念,提高自身的综合素质和竞争能力,主动适应、积极应对当前的就业形势,利用自己的知识、才华和激情为遵义经济社会发展作出贡献。

情感浸润　资助育人

辅导员心理危机干预"三阶段"工作法

材料科学与工程学院　王仁勇

当今社会时代背景多元、人才竞争加剧。尚处于个体成长发展阶段、生理和心理均不够成熟稳定的大学生所面临的挑战和要求越来越高,其心理和精神层面压力也越来越大。因此,高校辅导员必须配合学校相关部门不断强化大学生心理危机知识普及教育并构建大学生心理危机预警制度;同时积极开展精准高效的心理危机干预工作法等诸多方面的有效探索,尽量避免或减少因大学生心理危机而带来的不良后果,促进大学生身心健康。

一、工作背景与问题

辅导员是大学生心理教育的主力军,是大学生学习规划、生活管理的主要指导者,并兼具教育、管理双重职能。辅导员对学生进行心理问题干预是一个发现心理问题、处理心理问题以及关注后期心理发展态势的多元、长期、复杂的过程。

只要及早发现心理问题苗子,及时开展行之有效的现场干预,校园心理危机事件就有可能被最大限度地避免。

二、具体方法与实践

(一)事前:观察法、建制法、分类法——做好预案,建章立制,对筛选出来的"重点关注学生"进行充分识别

1. 观察法

虽然大学生校园危机具有复杂性和多样性,它们出乎意料、防不胜防、无

处不在，它们主次交织、蔓延发酵、难以管控，而且绝大部分的危机事件似乎无法预料，但通过辅导员团队的心理测量、谈心谈话、班级活动、家校联系、同学反馈等多种途径是能够完成一个初步的"观察"的。所以观察法是进行后续危机事件合法、合理、及时、准确预防工作的基本前提。第一，当出现危机事件发生的苗头，应迅速判定问题类型，并上报学院分管领导和相关部门；第二，与心理中心和相关专业部门保持密切沟通，一人一策，善始善终，调用好全部可用力量，结合实际情况开展应对工作；第三，注重学习学生心理危机、舆情危机等问题的相关理论和知识，做到干预过程合法合理，干预时间及时到位，情况掌握和信息报送准确，干预过程完善。

2. 建制法

第一，建立"重点关注对象"档案。做到心中有数，建立特殊人群档案，区别和筛选重点关注人员，确保其在关注范围内。在关键时间段启动每天向分管书记通报情况的制度，密切关注信息变化，人员进出特殊人群档案都要有报备理由，实现动态监测。第二，三级网络零报告制度。譬如在关键事件节点和敏感事件阶段启动班级三级心理网络，实行每天"零报告"制度。确保每位辅导员所带学生通过班干部联络人对自己所管辖学生行踪、状态的了解和把控。第三，特殊工作常态化机制。辅导员的个别谈心谈话、班干部会议、主题班会、主题教育，班导师、学业导师的专业辅导、导师制的小组研讨等都是能关注学生动态、情绪的最佳方式和契机。需要由辅导员统筹相关工作人员，建立密切联系制度，对每次专题辅导、主题班会、学习小组活动等反映出来的学生异常心理问题进行统计，并按照学校心理中心的要求及时上报。在对"重点关注"学生异常动态的信息获取上谨防滞后，防止偏差，坚守信息传递第一道防线。努力完善机制建设是提升校园危机预防能力实效性的基础保障。

3. 分类法

第一，分门别类，把学生中大量存在的困惑问题具体化。学生行为异常的表象背后往往隐藏着思想上或心理上的困惑，如果不能从根源上解决问题，那么将存在发生危机事件的可能。辅导员的重点工作是找出学生反常现象背后的真实原因，消除危机事件发生的潜在因素，防患于未然。

第二，打破惯性思维，把学生的心理问题和思想问题加以区分。虽然心理问题和思想问题不在同一层面，但两者相互作用、互相交织、彼此联系。人的心理活动受思想的支配,思想的发展变化也受心理的影响。在心理危机干预中,辅导员要善于分辨当事人的心理问题和思想问题,分析两者之间的内在联系,在此基础上实施分类教育,转换工作角色,避免对思想问题与心理问题"胡乱下药"。

第三,及时记录心理测试和师生互动中的异常人员及其表现。与筛选出来需要重点关注的学生开展平等对话,缓解来自人际的、学业的、感情的种种压力,把话语主动权尽量交给学生,倾听为主,适度表态,并区分开心理方面与其他方面问题的学生。

(二)事中:稳心法、协作法、掌控法——控制情绪,稳住阵脚,以沟通协作能力有效控制事件的发展

1. 稳心法

心胜于兵,智胜于力。危机干预首先是一种"心胜"力量的表现,即稳住自己心态、稳住学生的心态。校园心理危机是个体在遇到了突发事件或面临重大的挫折和困难,当事人自己既不能回避又无法利用自己的资源和应激方式来解决时所出现的心理反应。危机来临时,学生出现害怕、沮丧、无助等负面情绪,行为上出现了社交性退缩、警戒心增强、自伤等等。一旦发现危机,应联系室友、宿管员等能第一时间赶到现场的人员,稳定学生的情绪。

2. 协作法

大学生心理危机应对不应该只靠辅导员单枪匹马冲锋陷阵,也不能单靠高校心理中心部门来排忧解难,而是需要高校教务、学工、行政、公寓等部门组建的学校和二级学院搭建的工作小组群策群力。发生危机事件后,楼管员迅速到达学生所在位置安抚学生,稳定状况;辅导员立刻赶往事发楼宇的同时通过电话向学院分管书记汇报;学院上报学工办、保卫处以及心理中心等相关部门。学校各部门各司其职,相互支持、相互协作,稳定学生情绪。

3. 掌控法

辅导员不仅是学生心理危机干预的直接参与者,也是师生、部处、家校联系的纽带。辅导员是最了解危机事件学生情况的教师,所以必定是学生危机干预的全程有效参与者,同时也是掌控整个干预过程进度的调度者。

（三）事后：转介法、跟踪法、引导法——分层分类，精准干预，与校内外相关机构无缝对接，促成辅导、药疗相互累进的成效

1. 转介法

转介是辅导员在对大学生心理危机干预过程中的重要环节，通过转介往往能使当事人得到更具"胜任力"的沟通、辅导以及治疗。心理辅导中心的专职咨询师能够打破僵局关键节点，长时段耐心地投入，用有条不紊的程序化、人性化操作缓和危机干预僵持状态的整体节奏。辅导员的转介方向首先是学校的心理辅导中心，然后根据严重程度与心理专职老师一起综合判断是否转介到康复医院或精神卫生中心。

2. 跟踪法

跟踪是危机爆发暂时平息之后对事发学生开展有计划、有机制的长期生活关心、人文关怀以及健康关怀。教育部明确规定高校辅导员要"协助学校心理健康教育机构开展心理健康教育，对学生心理问题进行初步排查和疏导，组织开展心理健康知识普及宣传活动，培养学生理性平和、乐观向上的健康心态。"事后的跟踪即是对危机事件继续干预并逐步完善的过程。第一要依托现有的三级心理网络。学生干部扎根于学生群体中，对管理工作起到至关重要的作用，因此，做好学生干部选拔、培育优秀学生干部，是完成危机处理的重要一环。要加强与学生干部的沟通交流，及时了解学生动态，通过干部及时关注重点学生，协助辅导员完成任务。第二要参加心理专业培训，学习心理知识，掌握和提高心理咨询、谈话和辨别学生心理问题的技巧，不断积累经验，提升实施实际心理危机干预的业务能力。第三要做到预防和干预相结合。坚持大一新生入学时"心理普测"和"心理档案"建立机制，坚持专业分流时"重点关注学生"的档案交接机制，坚持家校合力、校内校外的联动机制，坚持定期面谈、持续跟踪的长效机制。通力协作，以"积极心理学"为取向，通过安抚帮困、挫折教育、转介治疗等手段，减少、避免同一学生危机事件的重复发生。

3. 引导法

在心理危机事件干预的后期引导中必须保持与学生的沟通，关注学生的心理危机发展趋势。学生主观上的心理的复杂性、丰富性和多样性以及渴望迅速走进集体的积极面，客观上的心智、家庭、自控、疾病等消极面都决定了干预工作的长期性和艰巨性。危机事件平息之后，一旦遭遇突发变故、学习压

力、情感受挫、人际关系失调、家庭关怀缺失或者抑郁等,任何一点都可能是诱发再次危机的导火索。因此,从辅导员角度而言,一方面要加强心理学知识的学习,提升心理咨询、干预的技巧;另一方面要时刻保持与家长、心理中心以及校外心理疏导机构的密切联系,通过立体的、全方位的对学生的关注、关心、关爱,利用一切可以利用的资源,配合家庭、心理健康教育机构慢慢疏导,尽可能取得学生的充分信任,陪伴学生一起面对问题、分析现状、寻找根源,以健康积极的姿态顺利完成大学的学业。

三、达成目标与成效

大学校园危机事件来源于政治、经济、社会、学校、家庭和个人等单一或综合方面的问题。心理危机干预是高校辅导员思想政治教育工作的重要组成部分。面对大学生心理危机,高校辅导员一方面需严格遵循"发现即干预"的原则,另一方面也必须不断累积经验,总结针对学生心理危机前期、中期、后期行之有效的具体做法,在事件中探索并形成有效干预的工作法则。

辅导员所面对校园危机普遍存在着突发性、破坏性和传播性的特点。百密终有一疏,在越来越完整、健全的教育体系和管理制度中,心理危机事件仍然猝不及防地在校园内外悄然发生;伴随着危机事件的,往往是来自学生、学校、家长甚至是社会的焦虑心态乃至激动情绪,同时一定会对原本和谐安定的教学环境和秩序产生可大可小的冲击。辅导员心理危机干预"三阶段"工作法能够有效预防校园心理危机事件的发生,并为辅导员处置校园危机事件提供了工作参考,具有一定的实践性和推广价值。

辅导员"五步"谈心谈话法

文化遗产与信息管理学院　金银银

《普通高等学校辅导员队伍建设规定》中明确了辅导员的角色定位：辅导员应当努力成为学生成长成才的人生导师和健康生活的知心朋友。在辅导员的日常工作中，谈心谈话是一种常见且重要的思想政治教育方式。经常开展谈心谈话不仅可以使辅导员迅速掌握大学生的思想状况，也能在很大程度上缩小与学生的距离感。因此，如何进行一次有效的谈心谈话，如何构建谈心谈话的长效机制，以及如何提升谈心谈话的实际效果，是一个值得深思的话题。同时，谈心谈话虽然因人而异、因时而异，但总体而言，完成优质的谈心谈话也存在经验上的共通性和可能性。

一、工作背景与问题

（一）谈心谈话是辅导员工作的必备技能

谈心谈话是每一位辅导员日常工作中极其重要的一项内容，但是在实际工作中辅导员却都心有余而力不足。辅导员的工作界限比较模糊，各项事务性工作和问题的处理已经耗费了大量的时间和精力，导致辅导员没有更多精力开展谈心谈话。而且谈心谈话也不仅是一次简单的约谈而已，在每一次谈心谈话前要做好各项准备，如针对不同的学生设计哪些问题，包括谈后做好谈话记录，还有针对部分学生进行后期跟踪随访等。这是一项非常复杂、烦琐而又艰巨的任务，但只有这样才能让整个谈心谈话工作具备系统性、整体性和连续性，使其真正成为学生成长档案里的一部分。

（二）谈心谈话是一门沟通艺术

谈心谈话不仅仅是简单的思想交流，更不是干巴巴的政治理论宣讲，而是一门直达心灵的沟通艺术。而且在谈话过程中，辅导员的身份不仅是教师，更是知心人、朋友。再者，谈心谈话不能是单向输出，而是要双方互动交流，对于平时不太外向的学生如何让其主动交流，也是一个值得思考的工作难题。特别是随着网络时代的飞速发展，网络热点更新得越来越快，如果辅导员平时不关注这些热点，在和学生谈心谈话的过程中难免存在"代沟"和知识盲区。

（三）进行一场优质的谈心谈话存在困难

绝大多数辅导员谈心谈话的方式是和学生约在办公室面谈。殊不知在学生的心目中，办公室是一个比较"正式"和"严肃"的地方，少了些"温情"。而且辅导员办公室往往不止一个辅导员，旁边还有其他辅导员，这就导致当学生想开口倾诉一些比较隐私的事情时，不好意思开口，使谈话无法深入。所以谈心谈话应该在专门的谈心谈话室进行，或者针对一些特殊学生的谈话地点可以是在室外，边走边聊，使双方身心都极度放松，谈话也能达到更好的效果。大多数辅导员谈心谈话的方式是"一对一"交流，但有时辅以"一对多"或"多对多"的方式能挖掘到更多的信息。

二、具体方法与实践

现在大学生多为"00"后，他们是伴随中国经济快速发展和互联网技术飞跃发展的一代，思维更活跃，眼界更开阔，更注重个人价值，传统的谈心谈话偏向于说教形式，对"00"后的作用甚微。因此，借鉴心理咨询理论来进行阐述如何进行谈心谈话，将心理咨询技术应用于辅导员谈心谈话，不仅有利于工作方法理论性、科学性的提升，还有利于良好师生关系的构建，从而提升谈心谈话工作的实效性。

（一）谈心谈话与心理咨询的对象都是"人"

不论是心理咨询还是谈心谈话，都是人与人之间的沟通、交流。人是一切社会关系的集合,每个人都具有心理、身体和社会三个维度,因而一切和人相关的言语互动都必须以了解作用对象为前提。不论是心理咨询还是谈心谈话,咨询师和辅导员在工作开展前都必须全面了解来访者和学生的基本情况、社会关系、经济基础和家庭环境等。在具体的工作展开环节也都要尊重对方的人格,保护对方隐私,根据情绪状况适时调整工作方法。在一次咨询或者谈话结束后也需进行跟踪,因为人的身心状况的改善、思想的转变不是那么容易的,因此要持续跟进。

(二)谈心谈话与心理咨询的目标是一致的

虽然谈心谈话与心理咨询工作的具体目标存在差异,但它们的根本目标是一致的。辅导员的谈心谈话工作是从思想政治教育的角度,帮助学生树立正确的世界观、人生观、价值观,提高学生的思想道德修养,促进他们德智体美劳全面发展。心理咨询的工作目标是及时干预和解决来访者的心理障碍,促进其身心健康。两者的工作侧重点不同,但是根本目标都在于完善学生人格,提高学生心理素质。

(三)谈心谈话与心理咨询工作的原则相同

不论是谈心谈话还是心理咨询,最重要的一条原则都是"以人为本",两者都要求关注人、尊重人,注意来访者或者学生的差异性。心理咨询师要根据来访者性格特质、生活经历和文化水平来制定不同的咨询方案。辅导员在谈心谈话前也要了解学生的基本情况,包括学业成绩、朋辈关系、家庭情况、经济水平等,设定谈话目标,有针对性地谈话,因材施教。同时,谈心谈话和心理咨询两者都要求助人自助,引导作用对象自己解决问题,不强迫对象接受自己的观点。

(四)谈心谈话和心理咨询工作方法可相互借鉴

在实际工作中,谈心谈话和心理咨询运用的很多方法本质上是一致的,只是具体叫法不一样。比如心理咨询中的"共情",要求咨询师能站在来访者的角度思考问题,体验来访者的感受,和辅导员谈心谈话时的"换位思考"是一致的。"换位思考"要求辅导员能够站在学生的立场理解学生的想法和行为,体会学生的情绪,从学生的角度去分析问题,找到谈话的突破口。

1. 谈心谈话第一步：擘画谈心谈话方案

首先，对谈心对象进行基础画像的绘制。具体信息包括学生的年龄、性别、爱好、学习成绩、平时表现、性格、家庭成员、恋爱等基本情况以及一些特殊情况，比如是否转专业、是否插班生、是否有心理问题等。其次，对谈心谈话的问题和内容要聚焦。明确和学生谈心谈话涉及的主要问题，围绕主要问题开展谈心谈话。主要问题一般分为两大类，一类是学生发展问题，包括学业、人际关系、就业、生涯发展等，一类是学生心理问题，与存在心理问题的学生谈心谈话时要特别注意其情绪状态，因这类学生的谈心谈话有特殊要求，暂不具体展开。最后，针对不同谈话对象和谈话内容应选择不同的谈话环境和谈话时间。一般来说，谈心谈话应在固定的谈心谈话室进行，但也可以根据学生的特点选择其他谈心谈话的地点和环境。比如，性格内向的学生，谈话内容涉及隐私的，那么谈话环境应选择宽阔、开放、舒适的操场、花园等；性格刁蛮、调皮的学生，谈话内容若是关于纪律问题的，那么谈话环境应选择严肃的办公室等。谈话时间一般选择辅导员和学生都较空闲的时间，方便双方深入交流，不会因为其他安排让谈心谈话匆忙进行或者流于形式。鉴于辅导员工作中事务性工作较多，存在着随时可能要去处理紧急事务，谈心谈话有被打断或者终止的可能，或者由于学生本人的突发事情，中断谈心谈话的过程，以及双方投入精力的限制，谈心谈话的时长一般控制在45—60分钟，涉及特殊问题可以略放宽时长，一般不超过2小时，时间较长的谈心谈话地点一般选择在封闭的空间内，较少选择开放的校园、操场、花园等。

2. 谈心谈话第二步：围绕谈话目标，善用提问

在谈心谈话之前，双方对谈心谈话的目的都有预设。两者可能是一致的，也可能是不一致的。在谈心谈话中，辅导员要善于提问来确认双方的目标是否一致。提问时语气要平和礼貌，以免让学生产生不良感受。一般来说，提问可分为开放式和封闭式提问，开放式提问常用"什么""如何""为什么""能不能""愿不愿意"等词来发问，没有固定答案，可以带来更多信息；封闭式提问常用"是不是""对不对""要不要""有没有"等词来发问，一般用来厘清事实，条理化多种信息。当遇到学生表达含糊杂乱、过分概括或是问题不清时，则使用具体化技术来澄清，可用开放性提问"请举例说明"等来明晰，替代先前表达中空泛抽象的问题、观念或感受。具体化的提问能使话题和内容引向深入，引导学生弄清自己的所思所感，明白自己的真实处境。

如果学生表现出言行不一或者前后不一的时候，使用面质提问来帮助学生看到自己的不一致，引导学生自我探索，解决内心冲突，达到认知或行为改变，一般用封闭式提问而较少用开放式提问，如"你现在表达的和你所做的是不是不一样"等，重在启发学生自我思考。言行不一致常表现为承诺按时上课，实际却依旧持续旷课；前后言语不一致常表现为先前表示假期在图书馆复习，后面却说假期要外出旅游；内外不一致常表现为在谈论挂科时声称很痛苦但却充满笑容。当出现言行不一致、前后言语不一致、内外不一致时就需要实施面质提问。

3. 谈心谈话第三步：深度了解学生，善于倾听

传统的谈心谈话容易给学生造成刻板印象，认为谈心谈话是辅导员的说教与批评，从而导致双方在谈心谈话过程中都感觉鸡同鸭讲。辅导员作为谈心谈话过程中的引导者，应积极主动关注学生的言语和表情，在整个过程中善用倾听技术。倾听不是漫无目的、随心所欲地、任由学生发言地听，是辅导员在谈心谈话过程中积极参与地去听，注意力高度集中地去听学生的言语，观察学生的非言语表情，同时通过言语或非言语的行为传达对学生陈述是感兴趣的、理解的和接纳的。听比说可能更重要，听更能够鼓励学生开放内心，表达思考和想法，提供更自然安全的自我成长机会。辅导员要倾听学生的字面意思，也要听懂学生的言外之意，并结合学生的表情、手势等了解学生没有直接表达出来的内心所想。同时，辅导员还要学会对学生的回答给予合适的反应，可以是语言的，也可以是非语言的，有时候一个语气词或一个眼神、一个点头都可以让学生感到辅导员是了解自己的，并愿意继续对辅导员敞开心扉。

4. 谈心谈话第四步：协同解决问题，慎重建议

谈心谈话的目标是解决学生遇到的问题和困难，不论是辅导员找学生谈心谈话或者学生主动找辅导员，学生都是解决问题、克服困难的第一人，辅导员是协助者。因此在谈心谈话过程接近尾声时，双方应对目标的达成进行愿景想象和假设，即学生需要付出哪些努力和行动来达成目标。辅导员可以和学生一起讨论、设计解决方案。在和学生讨论解决方案时，要注意学生的能力与方案的匹配度，学生要付出的行动和努力最好是在学生的"最近发展区"，是学生通过一定的努力就能达到的目标，不以优秀学生的标准去提出要求和建议。辅导员提出建议时，应对方案中可能存在的疏漏进行指点，给予学生探索自我解决问题的空间和自由，避免让学生产生控制感和不信任感。

5.谈心谈话第五步：追踪谈话效果，完善个案

谈心谈话不是一次就能实现目标的，因此要和学生进行多次、连续的谈心谈话，在每次谈心谈话中对学生采取行动和努力的效果进行评估和反馈。同时，每次谈完话，应及时精准记录谈话内容，这样便于与之前的谈话记录进行对比，通过细节发现学生的变化，形成系统、连续的学生个案记录，尤其是重点关注对象的谈话记录。辅导员一般所带学生较多，经过一段时间可能会遗忘之前的谈话内容，所以在进行新的谈话前，应先查看之前的谈话记录，了然于心，在与学生谈心谈话过程中，很自然地提到前次的谈心谈话情况，会让学生感觉老师一直都在关注他、帮助他，使学生产生亲近感和信任感，从而使谈心工作继续顺利进行，也能使后期的谈话更具说服力。

三、达成目标与成效

辅导员的谈心谈话工作是一项非常具有实践性的工作，也是构建和睦、平等师生关系的重要方式，辅导员"五步"谈心谈话法能达到多重成效。

（一）深入做好思想教育工作，切实解决学生在校问题

辅导员积极主动地开展谈心谈话，可以及时了解学生在校学习的实际情况，做好学生的思想政治教育工作，帮助学生解决其在校学习阶段所面临的来自方方面面的问题，使学生能够全身心地投入到学习中，为其今后的发展打下坚实的基础。

（二）把握学生实时动态，充分了解学生情况

定期与学生进行谈心谈话，便于辅导员充分了解学生的想法，如果发现学生存在着思想问题或心理问题，还可以第一时间进行解决，更好地帮助学生排忧解难。从某种意义上来说，谈心谈话是帮助辅导员打开学生心灵的钥匙，能够帮助辅导员充分了解学生情况。

（三）缩短师生距离感，增强学生归属感

许多学生对于教师有着与生俱来的敬畏感，即便是在大学当中也是如此。这使得许多学生即使有难以解决的问题，也不愿向辅导员开口，反而加大了辅

导员工作的难度。谈心谈话能够加强辅导员在学生群体当中的亲切感和认同感,获得学生的信任,帮助辅导员更好地开展工作,增进辅导员与学生之间的感情。

能够进行一场直击心灵的谈心谈话需要辅导员日常工作的积累,因此辅导员在工作中要勤加练习谈心谈话,学习与谈心谈话相关的理论知识,提升自己的工作能力。辅导员在谈心谈话中要注意的是,由于辅导员工作是一项教育工作,在谈心谈话中必须带有价值倾向,因此辅导员在工作中也要不断锤炼自己的价值观。通过"五步"谈心谈话法,把握谈心谈话的关键点,努力达到贴近学生心理、引导学生发展、促进学生成长的育人效果,让学生能真正地"听其言""亲其师""信其道"。

"3+1+X"的心理危机预防和干预工作系统

悉尼工商学院 唐 玲

立德树人是高校的根本任务,培养学生德智体美劳"五育并举"全面发展是教育工作者的目标。

但这一切都有一个前提:学生的安全稳定。有效地开展心理危机预防和干预,是学生安全稳定的重要保障。

悉尼工商学院辅导员从学生的特点出发,搭建了"3+1+X"的心理危机预防和干预工作系统,从源头做好心理危机预防工作,为人才培养保驾护航。

一、工作背景与问题

习近平总书记在2016年全国卫生与健康大会上提出,要加大心理健康问题基础性研究,做好心理健康知识和心理疾病科普工作,规范发展心理治疗、心理咨询等心理健康服务,加强心理健康专业人才培养。对精神疾病,还要做好综合管理工作,重点加强严重精神障碍患者报告登记和救治救助,鼓励社会力量参与,减少肇事肇祸事件的发生。

安全稳定工作是学生工作的底线和基本要求,也是工作中的难点和痛点。随着社会的发展,大学生心理危机不断升级并呈现多样性特点,给高校的管理工作提出了不小的挑战。同时,大学生心理问题也将对其自身的学习、生活和就业等产生较大影响,为其家庭带来诸多负面效应。

二、具体方法与实践

（一）通过三支队伍的搭建，形成心理健康教育的闭环

1. 建立"一个辅导员工作室"——"心理危机干预及预防"工作室

建立"心理危机干预及预防"辅导员工作室，重点从以下两方面深入：第一，联合计算机专业的大数据技术支持，完善"360"心理危机预防和应对系统：通过入学初的学生心理档案构建、心理危机预警评定指标设定、多方位预警信息收集，进行危机预防体系构建以及危机应对运行机制等方面的完善，从而构建快速、有效、准确的360°心理危机预警系统。第二，研究心理危机案例，总结归纳，提炼经验性的规律，为辅导员队伍提供可复制、可推广的内容，在全校切实发挥作用。

在社会不断变革、人才竞争激烈的背景下，大学生因学业、就业、恋爱等心理原因所产生的压力和挫折，让他们面临着各种严峻的挑战，因而导致校园危机事件时有发生。相关主管部门高度重视，各高校均建立了学生管理、心理教育、危机干预的重要机构。然而，这些事件留给教育者太多的思考，面对目前的应对机制和方法，还存在哪些问题，有没有更好的方法和更有效的措施去帮助学生度过心理危机，做到有效干预和改善危机，这是值得深思和探讨的课题。

工作室成员主动对校园危机事件进行分析总结，对产生原因、处理事件的过程进行系统梳理，并将总结成果进行分类归档。完善校园危机案例库，不仅可以积累关于校园危机事件的案例，以便找出关于危机事件应对的更有效策略，也可供其他高校辅导员和管理者进行参考，帮助其有针对性地预防不同时期不同类型的校园心理危机事件。

2. 带领一个心理协会——"SILC心晴"心理协会

"SILC心晴"心理协会是上海大学心理健康三级网络执行部门之一，直属于上海大学团委，是一个关心大学生心理健康，携手同辈共同关注自身发展与成长的朋辈互助组织。社团宗旨是"普及心理知识、提高心理素质、为学生成长服务。"

心理协会通过宣传心理知识，为改善学生的心理健康、提高学生的心理素质提供治愈系活动。凡上海大学学生均可成为心理协会成员。心理协会由一

位二级心理辅导员作为指导老师。心理协会一般会在每年秋季学期第三周进行招新,通过自主申请、笔试、面试招募新成员。指导老师会为新成员开设培训课程,课程内容包括破冰活动、大学生心理健康知识、危机干预基本常识等。课程通过第二课堂的形式开展,让所有成员在学习心理基础知识的同时拉近彼此间的距离。

指导老师充分尊重心理协会的独立性,培养他们的主人翁意识和创造性,引导心理协会进行自我管理、自我教育与服务他人的心理需求,致力于加强心理协会的制度建设,提升协会的整体素质和活动品质等,促进心理协会自由而全面的发展。重点从以下几个方面着手:

第一,培训的常规化:新招成员将在秋季学期第四周第一次例会时进行团队训练和职责分配,并在冬季学期、秋季学期开展系列培训。

第二,明确协会职能分工:心理协会设有会长一名,副会长两名,内部设有策划部、宣传部、财务部、活动部等六个部门。

第三,责任到位,奖罚分明:每次活动均提前两周通过例会商议确立活动负责人。活动负责人将负责记录例会决议,并将活动筹备任务报告给各部部长,由各部部长确认活动参与人员并落实活动各项责任。

第四,打造品牌,开展特色活动:学生期望的心理活动兼具轻松和实用的特点,心理协会针对学生的特点,开展"寄给未来"给自己写一封信、心理沙龙、心理剧比赛等主题活动,将目标不仅仅停留在开展活动,而是不断提高活动质量,提升活动内涵,打造品牌活动。

3. 培养一支心理委员队伍——每班1—2名心理委员

为深入贯彻落实中共中央、国务院关于《进一步加强和改进大学生思想政治教育的意见》,切实加强上海大学心理健康工作力度,进一步推进上海大学心理健康教育三级网络建设,增强学生的心理健康意识,促进人格全面发展,及时发现并有效解决心理危机,加强学生三级网络的建设成为当务之急。

学生三级网络由班级心理委员以及关心心理健康、热心朋辈互助的学生组成,每班1—2名,并保持相对稳定性。学生三级网络的宗旨:培养一批个性全面发展并具备一定心理学知识和危机干预意识的学生;唤起学生对心理健康知识、个人成长困惑和学生心理状况的关注;通过各种学生喜闻乐见的活动形式,让学生在获得归属感的同时,解决自身成长困难,帮助他们更好地融入校园生活；让学生身上的阳光与朝气感染更多学生，在学生中宣传和普及心理健康常识，吸引更多学生参与心理健康宣传与教育工作。

学生三级网络的成员需要善于自我剖析；热情耐心，真诚负责；诚实可信，宽容接纳；善于倾听，理智分析；具有健康的心理与积极的生活态度。学生三级网络的职责是注重维护自身的心理健康，保持乐观向上的积极心态；了解心理危机识别的"六变""三托"和"QPR危机干预程序"等相关心理健康及危机干预知识，具备一定的心理健康意识；敏锐观察并及时了解学生的心理动态，适时给予安慰与支持，具备一定的危机干预识别能力，发现危机信号立即上报相关机构和相关教师；协助学院心理健康二级网络的教师开展各项心理健康教育宣传普及活动；按时参加院系心理健康学生三级网络工作例会；了解学校心理健康三级网络运作和功能，主动向学生提供心理健康相关信息。在工作中，严格遵守保密、尊重、真诚、中立等原则。

(二) 创立一个心理危机预防和干预系统，为新手学生工作人员提供抓手

辅导员建立并完善一个心理危机预防和干预系统：360°心理危机预防和干预系统，综合学生的个人学业、家庭情况、社会关系、生活习惯等方面，预警心理危机。不断完善360°心理危机预防和干预系统，整合学生的宿舍晚归记录、上课迟到缺勤等日常表现情况，给予生活事件更合理的赋值，达到预警作用。做好危机干预的前端工作，运用新媒体，创新心理危机预警的载体与平台，通过对大数据进行分析，动态掌握大学生的思想行为，拓宽信息渠道，扩大反映大学生心理状况的平台。借助于一套科学的预警指标体系和危机评估模型，通过对收集到的预警信息进行分析和对照，及时发现和识别潜在的或现实的危机因素，并发出危机警报，立即启动危机应急预案，形成防止危机爆发、减少危机损失的心理危机管理系统。

对学生的日常行为表现进行打分并用红黄绿三种颜色标示，当学生的累计分数≥30分，该生的情况呈现为黄色，表示为需要一般关注，学生工作人员需和学生进行个别谈话。当学生的分数累计≥50分，该生的情况呈现为红色，表示为需要重点关注，表明学生有较大的压力或有情绪风险，需要引入专业的关注，进一步澄清该生是否有较强心理压力，是否需要开展专业心理咨询或治疗。

（三）开展丰富多彩的心理健康教育，覆盖到每个学生"X"

由点到面，覆盖每位学生"X"的心理健康教育，让学生关注心理健康，形成人人掌握基本心理危机常识，人人参与心理危机预防和干预工作的校园氛围。在学院层面每年开展秋、冬、春三学期主题心理宣传系列活动，切合学生特点，开展形式多样的主题活动，营造积极健康的宣传氛围。随着大学生接收信息的方式从传统的纸媒转向互联网，相关的健康知识宣传也要随之进行调整和改变，学院开设专门的心理健康宣传微信公众号，通过公众号进行活动推送和宣传，以适应大学生目前获取信息的主流渠道，让学生能第一时间获取信息。

公众号除在健康服务月对主题活动进行专题推送外，整个学年都定期推送心理小知识、心理相关电影赏析、心理趣味测试等，通过富有趣味的定期知识推送，让学生了解心理知识，从而起到心理健康知识宣传普及的作用。

学院还积极开展面向师生的主题心理培训；开展面向三级网络学生的主题讲座；以心理问题识别和危机干预为主要内容，引导班级骨干同学积极关注班级同学学习生活中的心理情况。从"六变"和"三托"等方面入手，鼓励三级网络学生平时多留心身边学生的情况与异常行为举止，及时发现学生可能出现的异常行为。当身边同学可能存在一定的心理问题时，应通过聆听而非直接打断或给出解决方法，建议在遇到有心理问题的同学时，应鼓励他积极联系辅导员或开展心理咨询，寻求专业的帮助。

开展面向辅导员的主题心理讲座：针对辅导员的学生工作难点和困惑，定期开展主题沙龙。学生数量较多，学生的问题呈现复杂化，辅导员面临的压力也越来越大。学校邀请心理专业大咖为辅导员答疑解惑。心理工作是一项长期性的、需要所有师生全员参与的工作，日常心理健康教育和引导工作需要持续进行，坚持宣传普及心理知识，有助于在学院以及全校形成人人关注心理健康、人人重视心理健康的良好氛围。

三、达成目标与成效

通过构建"3+1+X"的心理危机预防和干预工作系统，形成更浓厚的关注心理健康的氛围。近五年，加入心理协会的人数呈现逐年增长的趋势，学院每年都有学生和辅导员参加上海市学校心理咨询师的培训,考取上海市中级学校心理咨询师资格证书。

学院形成了全员全周期的学生心理健康管理系统。学生全员100%参加心理普测,并随机抽取普测学生进行个别访谈,进一步提升心理普测的效果和针对性。心理个别咨询服务覆盖全体师生,面向各类别学生开展个别咨询,为教职工提供心理咨询信息,做到心理个别咨询零事故。建立全周期学生心理档案,包括入学心理普测以及个别心理访谈等情况。设立心理月报制度,关注学生心理情况月报,形成学生个别咨询后与辅导员的反馈沟通机制。开展三学期特色心理主题宣传教育活动,学院连续多年获得上海大学心理健康优秀组织奖。

心理委员培育五部曲

通信与信息工程学院 薛 程

心理委员在学生心理健康教育中起着重要的"中介"作用,其明确的职责以及切实的行动对大学生心理健康起着重要的作用。通过探索心理委员的自我成长研究,改变心理委员职责不清的现象,促使心理委员对自身角色做出理性思考,使其所从事的工作更富有职业特征,从而构建高效能的大学生心理健康发展范式。

一、工作背景与问题

大学生的心理健康问题越来越受到人们的重视,而促进大学生心理健康教育的发展,心理委员在其中起到重要的作用。心理委员个人成长的情况和对班级心理健康工作的兴趣和动机,影响着心理委员自身能力的表现程度,也影响着心理委员工作的有效性。因此,心理委员的培养对于推动大学生心理健康教育的发展以及维护校园的稳定与和谐都具有十分重要的意义。

(一) 个人成长是助人工作的基础

心理委员首先必须面对和经历自我的成长,要通过各种方式了解自我、认识自我,包括个人的成长史、价值观、行为模式、情绪特点等内容。单纯的心理咨询理论学习与技能训练还远远不够,只有经过个人成长训练,才能更好地助人成长,才能成为合格的心理委员。

心理委员协助学生发现自我、认识自我、改变自我,进而实现自我的成长。这个过程需要心理委员全部人格的投入,需要以自己真实的生命感受与当事人交流,才能设身处地地对当事人产生共情,才能开启来访者的心灵。助人是生命的流露,助人是心与心的交融。心理委员只有不断地完成自我成长,才能更好地助人成长。

(二)个人成长是塑造心理委员自身形象的基础

"心理委员"这样一个特殊的称谓,也要求心理委员自身需要具备健康的心理、健全的人格。心理委员必须注重自身的心理健康,关注个人成长,这样才能成为学生群体中的心理健康"模范"。学生向心理委员寻求帮助,常常是把心理委员当作自己行为上的典范。他们不仅看心理委员说什么,更加关注心理委员的行为举止和日常表现。心理委员的一言一行、一举一动,都会在不知不觉地影响着身边的学生。

二、具体方法与实践

心理委员是伴随着高校心理健康教育工作发展而产生的一项班干部职务,心理委员具体要做什么、怎么做、什么时候做工作,这些都留着大量的空白等待填补。心理工作本身就是一项软性的工程,追求的是持之以恒和润物细无声。对心理健康教育没有什么概念的大学生们在抽象的理论指导下难以开展高效的工作。职责的模糊不清,培训力度不足,很大程度上限制了心理委员作用的发挥,难以达到设置这一班干部职位的初衷。所以,从学院年级层面,明确心理委员的职责,将心理委员的职责尽可能具体化、可操作化,进一步明晰心理委员的职责尤为重要。

(一)严格心理委员选拔机制

1. 心理委员选拔工作的重要性

各个班级中心理委员素质的高低,直接关系到心理健康教育开展的广度和深度。因此,做好心理委员选拔工作十分重要。心理委员的选拔,应经过自主报名、培训考核合格后确定。但是在实际操作过程中,由于心理委员被纳入班干部体系,由各班通过民主选举产生,心理委员工作的特殊性往往被忽略,有些学生是在竞选班级的主干班委(班长、团支书)失利的情况下才退而求其次担任心理委员的。若心理委员本身不了解其工作的内涵和要求,也不了解自己是否真正适合这个职位,将在很大程度上导致心理委员的职责缺位。这就要求各班在选拔心理委员时,要认真考察,切实严格把关,选出真正胜任这个岗位的学生。

2. 心理委员的选拔标准

一个优秀的心理委员,不仅要具备必要的专业知识和技能,还要具有良好的个性和品性,同时工作能力也应较强。根据这些特点,确定以下选拔标准:第一,心理委员要积极、愿意为心理健康工作贡献自己的时间和精力;第二,心理委员要热爱学习心理学知识,积极参加各种心理辅导和讲座,拓宽知识面;第三,心理委员能够遵循心理健康教育工作中的保密原则;第四,心理委员要乐于交往,保持和谐的人际关系;第五,心理委员要具备良好的倾听和表达能力、协调能力、处理突发事件的能力。只有遵循这些标准和原则,才能真正选拔出符合要求的、愿意并且能够为大家的心理健康服务的心理委员。

(二)明确心理委员职责

班级心理委员的工作职责主要包括以下几个方面:

一是向本班学生宣传心理健康知识,帮助他们树立科学的健康观念,掌握心理调适的基本方法;二是主动关心本班学生,保持良好的人际关系,有针对性地开展班级团体活动;三是全面了解本班学生的心理健康状况,发现异常情况及时向班主任或者辅导员报告;四是落实学校、学院安排的相关工作,协助学院举办心理健康讲座与素质拓展;五是协助心理辅导老师开展心理普查和问卷调查。总结起来就是:宣传、关注、倾听、报告四个层面。心理委员需与其他班委配合,定期组织心理活动,以提高宣传和组织能力,以更好地服务学生,促进高校心理健康教育工作。

(三)提升心理委员的个人成长

1. 重视心理委员工作,给予心理委员关怀

加强对心理委员工作的重视程度,各个学院的二级心理老师可以担任学院的心理辅导员,各班级应选配心理委员,从而形成校、院、班三级心理健康教育工作网络体系,分工协作、职责明确、层层负责、齐抓共管。学院心理辅导员既担负着传道、解惑、释疑、引领的教育者的角色,也担负着观察、检验、学习、思考的研究者的角色,同时也是对话、沟通、求助、协调的服务者。这些学院的心理辅导员可以及时地对心理委员反馈的问题有所行动,同时对心理委员提

供必要的关心和爱护,在心理委员有困惑,需要沟通和指导时,能够及时给予帮助和指点。

2. 加大对心理委员的培训力度,培训形式多样化

对于选拔出来的心理委员,学院应该加大培训力度,可按年级、按专题进行培训。对于大一新生,重点开展大学生活适应、学习心理、独立能力、心理学基本知识的培训;对于大二的学生,重点开展掌握人际交往规律,学会自我情绪调节的培训;对于大三的学生,重点开展培养大学生独立决策能力、完善自我人格等培训;对于大四的学生,重点开展职业心理、就业心理、社会心理等教育培训。

对心理委员的培训,可以采用多样化的形式,如讲授专业知识、团体辅导、素质拓展训练、校园心理剧、主题征文赛、主题活动、心理知识展、心理电影展等。通过培训,让班级心理委员对心理学的知识有了解和掌握,能够识别周围学生心理状况的表现,对于特殊现象或情况能够及时上报到学校有关部门,起到预防和干预的作用。学院还开设了网上的心理委员学习平台,心理委员可以通过多渠道多方式提升心理知识和自我心理素养。

3. 开发校本培训教材,为心理委员的培养提供针对性指导

教育部印发的《普通高等学校健康教育指导纲要》提出要"因校制宜制定健康教育教学计划"。目前,高校并没有统一的心理委员培训教材,因而开发校本培训教材很有必要。每个高校的具体情况不同,学校氛围与学科差异也会使学生的心理特点有所差别。特色化、校本化的心理培训更适合本校特点,更有针对性,可以满足本校学生身心发展的个性化需求。

(四)建立完善的激励机制

一方面通过专业培训让心理委员掌握更多的知识和技能,为其将来的职业发展做好一些技能和素质方面的准备。另一方面,对于认真负责、表现突出的心理委员,要予以肯定和表彰,把优秀心理委员作为典型进行积极宣传,提高心理委员的荣誉感、认同感,同时要在现有的学生评优评奖体系中为心理委员努力争取应有的地位和资格,提高心理委员工作的积极性。对于心理委员的专项考核评价应避免惩戒式思维模式,要以激励为主,以认同与彰显优秀来激发心理委员的工作热情,加强其工作的积极性、主动性与创造性。例如举办"十佳心理委员"评选活动,评选过程既是对心理委员工作的考察,也是大家

对工作经验的交流与分享；既鼓励了优秀的心理委员，又使全体心理委员受到激励与感召，从而进一步明确自身努力的方向。心理委员团队的建设也非常重要，建立一个有凝聚力、有战斗力的相互支持、彼此帮助的心理委员团队，不仅有助于提高心理委员的工作实效，也有助于其个人成长，进而增加心理委员自身及学校师生对心理委员队伍的认同感。

（五）成立协会强化团体合力

各班的心理委员可以组织心理支持小组，定期相互讨论，及时处理自身的情绪与问题。心理委员之间可以互相交流在工作中的心得体会，及时推广自己好的经验，让更多的同学收益，更好地服务于同学的心理健康。学院可成立心理委员协会这样的学生社团，吸收各班级心理委员或者对心理学特别感兴趣的一些同学成为会员，心理委员可以在其中学习心理学、教育学等专业知识，共同探讨心理问题、分享工作经验、进行个案研究，在自我成长与自我教育中提高专业素质与工作能力。心理委员在一个大家庭中，可以互相帮助，互相沟通，有问题及时解决。

三、达成目标与成效

（一）提高了心理委员的责任意识

通过各种培训和激励措施等，心理委员真正认识了自己的职责，正确认识了自己的角色，心理委员对待心理委员工作时由间接兴趣转变为直接兴趣，并进而提高了自己的工作效能感。

（二）加强了心理委员的队伍建设

心理委员能够做到自觉反省与学习，提高自身素养。心理委员能够接纳自己的不完美，并能时常自觉与反省自己的不足与限制，要善于觉察自己的"未完成事件"，勇于面对并做出恰当的处理，努力突破自我，完善自我。

通过心理委员的培育工作，让心理委员加强自己的价值观建设，不断学习，充实自己，在学习的过程中努力做一个优秀的心理委员。心理委员的保密意识也大大增强，对班级学生的心理问题从不随便议论，帮助学生保密，切实让有心理困惑的学生在接受帮助的同时感觉到温暖和信任。同时，心理委员也保持着与自己家人、老师、同学和朋友之间的良好沟通关系,生活均衡发展,身心健康愉快。

(三)通过心理委员化解了心理危机

通过系列培训,心理委员对心理学的知识和技能有了解和掌握,能够识别周围学生心理状况的表现,及时上报异常现象,对周边学生的心理危机问题起到了预防和干预的作用。

资助育人工作中的"心四层"工作法

中欧工程技术学院 孔卫平

《关于进一步落实高等教育学生资助政策的通知》强调：进一步提高资助精准度，更好地体现人文关怀，强化资助育人功能。随着资助育人工作的推进，资助育人中的"育人"功能日益被重视。如果在资助育人实践中能够基于心理育人的视角，更多地关注学生个体的发展需求，在基于马斯洛的需求层次理论的基础上，将心理育人渗透于资助育人中，在资助育人中运用"心四层"工作法，将更加易于突显育人目标与成效。

一、工作背景与问题

《高校思想政治工作质量提升工程实施纲要》中提出构建包含资助育人与心理育人的"十大"育人体系。如今，高校对资助育人和心理育人日益重视。在工作实践中，资助育人工作还存在重资助轻育人的现象，心理育人存在仅从心理视角解决学生问题的情况，但是学生的成长与发展往往是一个系统工程，不是完全分裂开来的。同样是育人，资助育人和心理育人作为两项工作各自开展，育人成效往往不尽如人意。

对于在校大学生而言，所面临的困惑往往是成长性困惑。如果能够将心理育人中的马斯洛需求层次理论灵活运用到资助育人实践中，通过"心四层"工作法开展资助育人工作，那将会起到事半功倍的效果。

二、具体方法与实践

作为人本主义的代表马斯洛，关注的是"人"的需求与发展，其提出马斯洛需要层次理论是心理学中的激励理论,将人的需求分为五类:生理需求、安全需求、归属和爱的需求、尊重的需求以及自我实现的需求。

对于家庭经济困难学生,进入高校后可申请各种来自国家、学校和社会多层面的资助。中欧工程技术学院辅导员基于马斯洛需求层次理论,在资助育人中创建"心四层"心理育人工作方法。心一层:这一层次需要提供各种经济资助以满足这些学生基本的生理与安全需求;心二层:这一层次需要给困难生群体提供能够满足这些学生归属和爱的需求;心三层:对家庭经济困难学生个体和群体都给予足够的尊重,以满足学生被尊重的需求;心四层:这是最高层次,当学生经历了各种锻炼与成长发展后,推动并协助他们完成自我实现。

(一) 提供稳定的资助,夯实经济困难学生的心理基础

国家不让任何一个大学生因为贫穷而失学,但是进入大学后一些学生依然会面临一些经济方面的困扰和心理上的压力。为此,学校资助育人工作首先要帮助家庭经济困难学生解决现实的经济问题,包括学费和生活费等。

各类资助政策,包括奖、贷、助、勤、补、免、新生绿色通道等,都能够缓解学生在校期间的经济困难。与此同时,学校还会提供各种临时资助和专项补助。家庭经济困难的学生不会因为经济原因而无法安心学业或放弃对大学生活的美好期待。这些相对稳定的资助可以为经济困难学生顺利度过大学的学习生活打下物质基础,为促进学生成长与发展夯实心理基础。辅导员在此过程中要通过扎实的基础工作,了解学生家庭经济的真实情况,将资助信息和申请渠道告知学生,同时根据学生的不同情况,帮助申请各类资助,让资助与学生更加合理地匹配。

(二) 营造舒心的氛围,满足经济困难学生的情感需求

随着资助育人工作的逐步推进,资助育人工作需要从经济资助逐渐过渡到从情感层面加强与这些学生的联结,让他们感受归属与爱。

每位学生都有被关爱的心理需求,困难生特别渴望被"关爱"但又极其敏感。比如有学生尽管经济上存在困难,但是不愿意申请困难补助,甚至不愿意让别人知道自己存在经济困难,也不愿意接受任何资助。这也是学校为什么在发放或提供资助时都一再强调和提醒老师们在工作中注意方式方法,避免困难生对"关爱"产生恐惧和不自在。因此,在资助育人实践中,给学生营造

一种归属感,让学生在这个群体中能够自然地享受"关爱"。同时在被"关爱"的过程中,也要充分考虑学生的心理感受,给学生创造机会去感恩,使其学着去关爱别人,整个群体的情感联结也会更加紧密。

面向困难生开展"成长训练营",这是属于困难生的专属群体,在这里大家彼此有相似的境遇,有共同的需求,在这里他们可以建立与其他人的情感联系。通过一系列的活动帮助学生全方位地营造归属感和情感联结氛围,让学生在这个群体中充分感受爱与被爱。通过在这个群体中的初步历练,逐渐习惯并适应,在情感上蓄力,学生可以走向更大的舞台,向着更远的方向发展。

(三)给予充分的尊重,提升经济困难学生的心理弹性

大学生进入大学后基本都已成年,他们需要的是成年人之间的相处模式与尊重。对于经济困难学生而言,尤其希望其努力被看到,希望其能力被认可,期待得到尊重。但是经济困难学生群体的自我评价整体偏低,自我价值感有所缺失。

因此,在做好资助工作的同时,需要提升学生的自尊,帮助他们克服自卑,充分调动他们的内在动力,增强他们的心理弹性。心理弹性是人们面对损失、困难或者逆境时的有效应对和适应,是指个人面对生活逆境、创伤、悲剧、威胁或其他生活重大压力时的良好适应,它意味着面对生活压力和挫折的"反弹能力"。心理弹性作为一种素质,绝不是仅仅靠外界的支持与保护就能够实现的,还依赖于自身的技能和能力。因此,辅导员需要帮助困难学生提高他们的心理弹性,调动他们内在的力量,挖掘他们自身的优势资源,从"问题视角"转变到"优势视角"。

辅导员组织困难学生群体参与志愿项目和慈善项目,让他们在活动中获得自尊感、寻找自我价值。在不断的练习与实践中,学生更加愿意去突破自己,提升自己的能力,心理弹性在这个过程中也得到了提升,从而更加自信,也能够更好地应对大学生活以及个人未来发展。

(四)创造无限的可能,促进经济困难学生的自我实现

在这个层面,已经不再关注学生的不足或者弱势,而是关注他们自身的各种积极层面和优势方面,创造更多更好的条件去推动和促进学生的这些积极、优势方面得到最大程度的发展和最充分的展现,帮助他们完成自我实现。

"心四层"工作方法的理论基础源于马斯洛需求层次理论,但又不局限于这个理论。马斯洛需求层次理论的提出是有先后顺序的,对于经济困难学生来说,有了前面的各种无论是现实基础还是心理基础,进入下一个最高层次的自我实现的需求就会更加容易。这个过程不仅是学生对自己和未来的自我实现,还能够为社会作出贡献。辅导员积极为经济困难学生创造各种机会。让经济困难学生能够在实践中不断提升自己。

当然,对于经济困难学生个体而言,这些顺序不是绝对的,这与学生的经历和基础有关。资助育人工作中,学校和老师要能够真正了解并关注到每一个学生个体,并跟进这些学生的动态发展。辅导员要始终保持高度的关注,助推学生发展,真正帮助这些学生完成自我实现。

三、达成目标与成效

资助育人工作中运用心理育人,将"心四层"的工作方法落实到资助育人工作实践中,有利于较好地实现资助育人的"物质帮助、道德浸润、能力拓展、精神激励"目标和"解困—育人—成才—回馈"良性循环。在实践中,学生更加愿意面对自己的"困",开始思考自己的"惑",敢于挑战自我的"能",坦然实现自我的"值"。比如最初有学生认为自己接受的资助已经很多了,暂时不需要资助,感觉总是被"施舍"。经过一段时间的沟通并参与相关活动后,该学生真正理解了资助育人的目的,也更能够坦然接受资助,并能力所能及地为社会贡献自己的力量。学院的志愿者项目每周都由学生自己主动报名参加服务,营造了一种"你们温暖了我们,我们温暖了他们"的资助育人氛围。在帮助别人的同时,这些学生还会去思考如何做好志愿者,与自己的过去联结并完善自己的过去,也更加勇敢、积极地走向未来。

在资助育人工作中,将心理育人的理念融入资助育人实践中,有利于培养学生对资助育人的理解和情感内化。以往的资助育人工作中过于注重给予学生资助尤其是物质上的资助,忽视或者轻视学生情感方面的需求与个人发展需求,学生对于资助育人也缺乏真正的理解,很难产生深厚的情感共鸣。开展"四层"工作法后,经济困难学生群体不再自卑,开始敞开心扉,变得更有力量走出学校,走向社会,相信未来。当他们真正离开学校,独自去社会闯荡,他们依然可以自信地展现自我,实现自我价值,也更加懂得去感恩和回馈社会。

"成人之美"发展型资助育人工作法

材料科学与工程学院　顾蓓蕾

习近平总书记在庆祝中国共产党成立100周年大会上的重要讲话中指出:"经过全党全国各族人民持续奋斗,我们实现了第一个百年奋斗目标,在中华大地上全面建成小康社会,历史性地解决了绝对贫困问题。"我国完成了消除绝对贫困的艰巨任务,创造了彪炳史册的人间奇迹。同时要看到,脱贫摘帽不是终点,而是新生活新奋斗的起点。材料科学与工程学院深入贯彻落实党中央决策部署,进一步深入开展资助育人工作,持续推动乡村振兴和人才培养,在实践中探索出富有成效的"成人之美"发展型资助育人工作法。

一、工作背景与问题

"成人之美"出自《论语·颜渊》。"成人之美"指成全别人的好事,帮助别人实现愿望。"成人之美"是一种美德,这需要有宽广的胸怀和与人为善的心态。"成人之美"的人,出于对别人的尊重和关爱,会善意指出他人的缺点,在他人危难时会尽力帮助。

上海大学材料科学与工程学院"成人之美"资助育人辅导员工作室,取名"成人之美",就是希望竭尽所能去帮助家庭经济困难的学生,引导他们思考自己想要的人生,并不是把要求、期望强加于他们,而是通过"成人之美"成长训练营的多元化培训和实践活动,在工作室的多维陪伴下,让学生不断明确自己的需求,奋力奔跑在实现人生理想的道路上。为此,工作室开创"成人之美"发展型资助育人工作法。

（一）资助育人总体目标需要完善

资助育人是"资助"与"育人"的统一体，既要"资助"更要"育人"，辅导员应在夯实精准资助的基础上，紧紧围绕立德树人的根本任务，明确资助育人的目标和方向，建立科学系统的资助育人体系。"成人之美"资助育人辅导员工作室以育人赋能为宗旨，以"成人之美"为准则，以成长训练营为平台，通过多元化的培训，助推爱学习、懂感恩、愿奉献、自强不息的经济困难学生逆境成才、全面发展。

（二）资助育人内容形式需要丰富

家庭贫困带给学生的，有时候不仅是物质上的缺失，还有精神的贫困和能力的贫瘠。而传统的资助，多以国家和各类社企的助学金为主，在学生心理和能力建设方面略显不足。工作室积极搭建平台，为这些学生提供更多的锻炼机会，通过多元化的培训，让他们在实践中提升能力。同时，陪伴导师机制的引入，更有助于实现育人的成效。

二、具体方法与实践

（一）德育励"思"，润心无声

经济困难学生的思想政治教育也是落实资助育人的必然途径。以资助工作为抓手，落实推进高校思想政治教育工作，不断提升高校学生的家国情怀。注重培养受助学生自立自强，诚实守信，知恩感恩，甘愿奉献的精神，将小我融入大我，将个人的发展与国家需要紧密结合，投身祖国和家乡的建设。

1. 理论学习

"党史"中蕴含了丰富的人生哲理，通过开展党史学习教育，学习我党不畏强权、百折不挠的发展历程，感受国家发展和社会进步。通过资助政策及申报流程等政策的解读，让学生知晓党和政府对经济困难学生的关怀和期盼。激励他们学好本领，今后可以更好地回报社会，在辅导员的日常工作中融入感恩教育，潜移默化中培养他们的爱国情怀和民族情感。

2. 学生软实力的提升

沟通能力、表达能力、文化修养、学习能力、团队协作能力等，都是体现学生个人素养的关键。软实力的提高需要日积月累,通过在日常培训中的逐渐渗入,引起学生的足够重视,有助于经济困难学生自信的建立,在未来求职中取得优势。

(二)实践励"志",发掘价值

经济困难学生由于物质条件相对有限,信息比较闭塞,他们对社会认知相对不足。进入大学,很多困难生第一次离开家乡和父母,来到上海这座国际大都市独立学习和生活。看到高楼林立的社区,车水马龙的道路,很多困难学生会迷失方向。

1. 组织参观,明确目标

带领学生到上海标志性景点,感受上海的发展,清晰过去与现在的距离,带给他们更多思考,有助于引导他们将压力转化成学习的动力,认清前进的方向,勇敢面对当下的挑战。通过参观,让他们知道未来掌握在自己的手中,让他们清晰地知道今后的生活需要他们自己去努力拼搏。

2. 寒暑假社会实践,走进基层

带领学生贴近基层,开阔思路,拓宽视野,增长见识,感受家乡在脱贫攻坚、乡村振兴等方面的发展变化,坚定理想信念,涵养家国情怀,将来学成不忘桑梓,回报家乡,贡献出自己的"光"和"热"。

通过相互分享,感受彼此家乡的美好,热爱这片生我养我的土地,只要有知识的投入和热情的浇灌,家乡也可以有很好的发展,建设者的价值也会得以体现。

3. 志愿者活动,贴近生活

志愿参与顾村公园樱花节、上海科技馆、上海动物园的志愿服务活动,予人玫瑰,手有余香,在为他人服务的过程中感受快乐。困难生在接受各界资助的同时,能有机会回报社会,将助人的精神继承和发扬,意义深远。

(三)关怀励"心",多维引导

传统的物质型资助模式已经无法适应社会发展的新要求,新形势下资助育人工作,在切实保障贫困学生的经济问题的同时,更多关注人文关怀和心理健康。辅导员要努力保证困难学生全面发展,以育人为首任,跟上时代发展的步伐,满足学生进步的需要,在心理上给予困难生全面指引和辅导。

1. 学生助理以困助困

在困难学生党员、入党积极分子或高年级困难生中，选取愿意付出时间和精力的，一起为资助育人工作出谋划策并付诸实践。他们将自己的所学无偿分享给他人，也是一种爱心的传递和能力的体现，感受助人的意义和价值。以朋辈的关怀，共同助力同龄人的学业进步和心理成长。

2. 陪伴导师心理呵护

陪伴导师是伴随着学生、密切关注学生成长的老师。信息时代对传统的人际交往模式产生了很大的冲击，尤其对于经济困难学生来说，易造成心理失衡和自卑。但碍于自尊心，他们面对学习生活中的各类问题时并不愿轻易告诉别人。陪伴导师可以在日常学习和生活中关注这些学生行为及情绪的变化，进行及时疏导。邀请此类学生参加以小组为单位的讨论，第一时间了解学生的收获和感想，并且给予正向的支持和引导，有助于学生树立自信，形成正确的三观。

3. 线上平台信息推送

"成人之美"工作室微信公众号定期推送各类实用干货，除学习资料外，还会向困难生普及心理健康教育知识，提供线上心理健康测试与咨询等。大部分困难生伴有自卑心理，在人际沟通中存在敏感、紧张、焦虑等问题。科学的认知，可以有效避免那些错误的、不必要的情绪产生，更好地帮助学生进行正向判断。

三、达成目标与成效

"成人之美"发展型资助育人工作法，以困难生成长规律为导向，时刻关注学生的需求，成就他们的能力提升。通过制定科学的评价机制，将课程反馈机制与评价考核体系并举，有效实施困难学生的培养体系，为后续资助育人工作提供参考。

第一，建立课程反馈机制，在每一次课后通过匿名问卷的方式，收集学生的成长感悟，了解学生在课堂上感兴趣的方面以及后续是否愿意继续参加此项内容的学习等，在实践中不断明确学生想要提高的具体方向，时刻以他们的需求为导向对工作法进行完善。

第二，制定学生进步的评价体系，阶段性地进行测评，了解学生的真实学习状况及进步程度,对进步较慢者便于及时介入,保障困难生稳步成长。

撸起袖子加油干,工作室切实将困难生的能力提高落到实处,在保障经济帮扶的基础上,构建德育励"思"、实践励"志"、关怀励"心"有效融合的资助育人长效机制,实现无偿资助与有偿资助、显性资助与隐性资助的有机融合,在学校中实现了困难生的全面培养,走出了一条"成人之美"资助育人的发展型道路。

后　记

《举旗帜　探新路　育新人——上海大学辅导员工作法选编》一书汇编了上海大学辅导员们在学生党建引领、多维育人、创新培育、学业提升、生涯指导和心理资助等育人工作实践中凝练的各具特色的工作方法，彰显了上海大学辅导员队伍立足新时代、贯彻新思想、展现新作为的风采，是上海大学学工系统为上海大学建校100周年献上的一份礼物。

本书从策划、收稿、统稿、改稿到最后定稿出版历时近一年。书稿编撰在上海大学党委常委、副校长聂清同志的指导下开展，学生工作办公室孟祥栋、马成瑶、孙钟玲，辅导员徐群、高红梅、唐玲、李玲和薛赛男负责文稿收集、校对修改等具体工作，最终由聂清同志审核定稿。

该书的出版，首要感谢各位辅导员作者的积极投稿，他们将日常思想政治工作中积累的丰富实践经验和案例进行理论创新和提升，形成了具有现实意义和推广价值的专项工作方法。这些工作方法的汇编出版，不仅有利于辅导员提升工作的科学性，更有利于学校构建高质量的思想政治工作体系。最后，还要感谢刘畅、白晓东、赵磊、李阳光等诸位老师在书籍编撰过程中给予的帮助，感谢上海大学出版社为书籍的出版提供的支持。

踔厉奋发，笃行不怠，上海大学全体辅导员将始终牢记立德树人初心，担负铸魂育人使命，为党育人，为国育才，为培养全面发展的卓越创新人才和堪当民族复兴大任的时代栋梁不懈努力！

本书编写组
2022年7月